Ich schenk dir Glück

Max Becker

Impressum

Copyright:
Max Becker
Starzelgasse 3
72108 Rottenburg

Jahr: 2024

ISBN: 9789403727486

Verlagsportal: Bookmundo

Gedruckt in Deutschland.

Die Deutsche Nationalbibliothek verzeichnet diese Publikation in der Deutschen Nationalbibliografie.

Inhalt

Die erste Seite: Puzzlespiele

Es gibt unendlich viele Wege zum Glück. Doch welcher für dich funktioniert, das musst du selbst herausfinden. Es gibt keinen allgemeinen Weg, der für jeden die gleiche Wirkung entfaltet. Die Suche nach dem Glück ist immer eine sehr persönliche Angelegenheit. Jeder muss hier seinen eigenen Weg finden. Und diesen dann auch mit seiner persönlichen Geschichte zum Leben erwecken. Es gibt immer nur deine eigene persönliche Lösung, die für dich funktioniert. In diesem Buch findest du nun verschiedene Wege und Möglichkeiten zum Glück, die für dich funktionieren können, wenn du sie mit deiner persönlichen Geschichte zum Leben erweckst. Welche Wege du davon am Ende tatsächlich beschreiten wirst und auch in welcher Form, das liegt nun in deiner Hand.

Das Leben besteht aus unendlich vielen Puzzleteilen. Und manchmal fehlt nur ein einziges Puzzleteil, um ein persönliches Bild so zu vollenden, dass es stimmig ist.

„Das Zeug wurde von einem Mann in Cincinnati erfunden, in Central Ohio, als weißes Gel und er hat damit Ruß von Tapeten entfernt, der von altmodischen Heizungen kam. Als dann Gas- und Elektroheizungen üblich wurden, gab es keine Verwendung mehr für das Reinigungsgel und das war für den Typen der Untergang. Aber seine Schwägerin war Kindergärtnerin […] Kay Zufall ist aufgefallen, dass ihre kleinen Kinder viel lieber das Gel geknetet haben, als harte Modelliermasse, und da schlug sie ihrem Schwager Joe vor, das Zeug einzufärben und es Play-Doh zu nennen. […] Ich bewahre das jetzt schon eine halbe Ewigkeit auf, als Beweis dafür, dass wir alle nur eine winzige Veränderung davon entfernt sind, dass unser Leben funktioniert."

Aus dem Film „Woher weißt du, dass es Liebe ist?".

01

Glück kommt von innen

– Es beginnt bei dir

1 Ein Buch, das deinen Namen trägt

Das Glück beginnt bei dir. Deshalb ist es wichtig, dass du dich zuallererst immer mit dir selbst beschäftigst. Schreibe das wichtigste Buch deines Lebens. Schreibe ein Buch, das deinen Namen trägt. Beginne damit, alles über dich aufzuschreiben. Nur wer sich selbst gut kennt, kann auch glücklich sein und gute Entscheidungen treffen. Der Weg zum Glück ist auch der Weg zu dir. Der Mensch ist ein hochkomplexes Wesen. Genauso wie es hochkomplexe Maschinen gibt. Doch um so eine Maschine richtig zu bedienen, muss man alle Funktionen kennen und verstehen. Du musst alles über die Maschine wissen und dich ausgiebig mit ihr beschäftigen.

Und auch ein Kuchen wird nur lecker schmecken, wenn man tatsächlich alle Zutaten kennt und auch weiß, wie lange der Kuchen in den Ofen muss. Beschäftige dich mit dir selbst und schreibe alles auf. Deine Vergangenheit, deine Vorlieben und deine besten Eigenschaften. Dann lernst du dich nicht nur kennen, sondern auch verstehen.

2 Was sind deine großen drei?

Womit verbringst du die meiste Zeit in deinem Leben? Was erlebst du am intensivsten? Woran denkst du am meisten? Mache dir klar, welche drei Dinge dein Leben wirklich bestimmen. Denn das sind dann definitiv auch deine größten Glückstreiber oder auch -verhinderer. Die drei größten Dinge in deinem Leben prägen dich am meisten und machen aus dir den, der du wirklich bist. Wenn du dir deiner großen drei bewusst bist, kannst du dich selbst nicht nur besser verstehen, sondern dich auch fragen: Passen diese Dinge wirklich zu mir? Habe ich mir diese Dinge auch bewusst ausgesucht? Wenn bei deinen Top 3 zum Beispiel Sport und Ernährung nicht dabei sind, dann wird es auch schwierig mit einer Karriere als Profisportler. Rein zeitlich und auch emotional gehört bei vielen sicher der Beruf zu den großen drei, weshalb deine Einstellung zu deinem Beruf nicht unwichtig für dein Leben ist. Durch das Veranschaulichen deiner großen drei erkennst du, warum du bist, wie du bist. Und warum du vielleicht das ein oder andere, das du gerne geworden wärst, nicht geworden bist. Passen deine großen drei für die Zukunft? Passt dieser eingeschlagene Weg für dich? Und ist bei deinen drei großen Dingen zumindest eine Sache dabei, die dich unbeschreiblich glücklich macht?

3 Dein Grundverständnis

Deine Werte oder auch deine persönlichen Wertesysteme haben sich in der Regel über Jahrzehnte aufgebaut und sind ganz tief und fest in dir verankert. Schaffst du es, mit deinen Werten im Einklang zu leben, hat dies einen sehr großen Effekt auf dein glückliches Leben. Umgekehrt kann es dich aber auch extrem beeinträchtigen, wenn du deinen Werten größtenteils nicht folgen kannst.

Mache daher den Test und schreibe deine zehn wichtigsten Werte auf. Wenn dir zum Beispiel die Zeit mit der Familie ganz wichtig ist, dann gehört zu deinen zehn Werten der Wert „Familie". Und wenn du darüber hinaus immer ganz gerne pünktlich bist, dann könntest du zum Beispiel auch „Zuverlässigkeit" oder „Professionalität" aufnehmen. Anschließend kannst du deine Werte dann noch gegeneinander abwägen und bekommst so eine Gewichtung. Am Anfang tut man sich meistens etwas schwer, Werte auszuwählen. Wenn man dann aber zwei Werte gegeneinander abwägt und sich entscheiden muss, was einem wichtiger ist, wird es schon einfacher. Welche Werte sind dir wichtig? Gib dich deinen Überzeugungen hin.

4 Eine Vorstellung erwacht zum Leben

Im Alltag entscheidet sich, ob wir an bestimmten Vorhaben festhalten und unsere Vorsätze auch umsetzen. Unser Glück hängt von den Dingen ab, die wir wöchentlich oder sogar täglich machen. Deshalb stellt sich die Frage: Wie sehen deine wichtigsten Werte im Alltag aus? Was kannst du tun, um mit deinen Werten im Einklang zu leben?

Notiere dir zu deinen zehn wichtigsten Werten jeweils nochmal fünf konkrete Beispiele aus dem Alltag. Was brauchst du noch, um deinen Werten gerecht zu werden? Wenn dir Zuverlässigkeit wichtig ist, dann stelle dir die Fragen: Wie oft bin ich pünktlich? Was kann ich tun, um immer pünktlich zu sein? Ist mein Umfeld unpünktlich und passt dadurch nicht wirklich zu meinen Werten? Wenn dir Spontanität wichtig ist, dann frage dich, wie oft du in den vergangenen Wochen Dinge ungeplant gemacht hast und dich auf ein kurzfristiges Abenteuer eingelassen hast. Wie könntest du diese Zahl noch steigern? Oder überhaupt zum Leben erwecken? Die Alltagsbeispiele machen deine Werte greifbar und transformieren sie in dein tatsächliches Leben.

5 Träumerei

Deine Träume können dir zeigen, was du wirklich willst. Sie sorgen dafür, dass du deine Grenzen nicht zu eng ziehst und sie ermöglichen dir eine starke Verbindung zu dir selbst. Träume sind sehr persönlich und geben dir einen guten Einblick in deine Welt. Lass deine Träume zu. Wische Gedanken nicht weg, sondern gib dich ihnen hin. Gib deinem Leben Raum für Träume und versuche, diese bewusst wahrzunehmen. Woran denkst du, wenn du deine Gedanken schweifen lässt?

Wenn wir träumen, erschaffen wir eine wichtige Grundlage für unser glückliches Leben. Wir füllen es nicht nur mit Worten auf Papier, sondern füllen es auch mit Bildern und Emotionen. Wenn du abends im Bett liegst, betäubst du dann deine Gedanken mit deinem Mobiltelefon oder beginnst du schon im wachen Zustand damit zu träumen? Du kannst dein glückliches Leben nur erreichen, wenn du die Gedanken daran auch zulässt. In deiner Welt kannst du so sein, wie du willst. Versteckst du dich davor oder betrittst du diese Welt aktiv? Wovon träumst du? Mögen dir viele bunte Träume begegnen.

6 Neues Leben

Beim glücklich sein geht es oft darum, sich intensiv mit den eigenen Bedürfnissen auseinanderzusetzen. Beim Konzept von „New Work" ist dies ähnlich, allerdings auf den Arbeitskontext beschränkt. Man stellt sich hierbei im Wesentlichen die Frage „Was will ich wirklich, wirklich machen?" und versucht so eine Tätigkeit zu finden, die wirklich zu einem passt. Dieses Konzept lässt sich auch auf das gesamte Leben ausdehnen, sozusagen „New Life". Wie willst du wirklich, wirklich dein Leben verbringen? Wovon kannst du nicht genug haben? Welche Tätigkeiten würdest du auch freiwillig immer und immer wieder tun? Bei was vergeht die Zeit wie im Flug? Vielleicht, wenn du dich mit anderen Menschen beschäftigst oder mit Kunst. Oder wenn du physische Dinge erschaffst oder viel in guter Gesellschaft bist. Was würdest du in einer perfekten Welt, die du frei gestalten kannst, überwiegend tun? Wofür schlägt dein Herz? „New Life" soll deine wahren Sehnsüchte zum Vorschein bringen. Natürlich liegt nicht immer alles in unserer Hand, aber eine ganze Menge schon. Und wir können immer auch die Richtung vorgeben, in die wir gehen möchten. Worin besteht dein „New Life"?

7 Dein wahres, glückliches Ich

Wie sieht dein wahres, glückliches Ich aus? Wie lebt es? Wie handelt es in verschiedenen Situationen? Du musst wissen, was du willst, bevor du beim Leben eine Bestellung aufgibst. Deshalb ist es sehr wichtig, ein klares Bild über dein wahres, glückliches Ich zu besitzen. Wie würde dein Leben aussehen, wenn du dich voll und ganz ausleben könntest? Wann bist du wirklich authentisch? In welchen Situationen bist du ganz du selbst und auch glücklich dabei?

Beschreibe ganz genau, wie du dich selbst am liebsten siehst. Manchmal kommen wir in Situationen, in denen wir nicht den Mut oder die Kraft haben, so zu handeln, wie wir es eigentlich wollen. Dass uns das auffällt, ist schon mal ein gutes Zeichen. Denn dann haben wir schon eine grundlegende Vorstellung von unserem wahren, glücklichen Ich. Je öfters wir es dann doch schaffen, eine für uns authentische Entscheidung zu treffen, desto mehr stärken wir unser Glück in unserem Leben. Was macht dich aus? Worin besteht dein wahres, glückliches Ich?

8 Quo vadis, mein Freund?

Glücklich zu sein hängt auch damit zusammen, dass man nach etwas strebt. Dass man selbstbestimmt lebt und sich nicht nur von anderen in verschiedene Richtungen treiben lässt. Ein Schiff ohne Ziel treibt auf dem Ozean hin und her und bevor es tatsächlich irgendwo ankommt, sind wahrscheinlich die Vorräte schon längst aufgebraucht. Ein Ziel und eine damit verbundene Aufgabe geben dem Leben einen Sinn und auch Stabilität. Vermutlich hat jeder Mensch bestimmte Ziele, auch wenn er diese nicht immer öffentlich ausspricht.

Was sind deine Ziele? Für die nächsten Wochen, Monate und Jahre? Sei dir deiner Ziele bewusst. Das können ganz individuelle Dinge sein. Zum Beispiel sportliche Ziele, wie zum Beispiel in deiner Lieblingssportart besser zu werden und Spiele zu gewinnen oder aber auch mentale Ziele, wie zum Beispiel zu Lernen, bestimmte Momente intensiver zu erleben und zu genießen. Oder auch Ziele, die dich glücklicher machen, wie zum Beispiel mehr Zeit mit Menschen zu verbringen, die dir ein gutes Gefühl geben. Wo treibt es dich hin? Wonach strebst du? Wohin gehst du, mein Freund?

9 Deine Reiseplanung

Der Weg zu deinen Zielen oder auch das, was du unternehmen musst, um deine Ziele zu erreichen, nimmt häufig einen sehr großen Platz in deinem Leben ein, da du viele Ziele nur mit einem bestimmten Zeitaufwand erreichen kannst. Deshalb ist es wichtig, den Weg zu deinen Zielen ganz genau zu kennen. Ein Ziel zu haben, ist immer gut, noch wichtiger ist es aber zu wissen, wie man das Ziel auch erreichen kann. Nur so kannst du deine Ziele erreichen, was sicherlich zur Mehrung deines Glücks in deinem Leben beitragen wird.

Überlege dir, wie der Weg zu deinen Zielen aussieht. Was haben andere getan, die deine Ziele schon erreicht haben? Was musst du nun jeden Tag tun, um deine Ziele zu erreichen? Wie viel Zeit musst du hierfür aufwenden? Wie viel Zeit haben andere dafür aufgewendet? Meistens bewegt man sich beim Erreichen seiner persönlichen Ziele auf neuem Terrain, weshalb es wichtig ist, sich detaillierte Reisepläne zu machen. Was benötigst du für deine Reise? Was wird dir auf deiner Reise begegnen? Was wirst du auf deiner Reise zu tun haben?

10 Lass mich das nochmal sehen

Im Alltag prasseln sehr viele Einflüsse auf uns ein. Manchmal passen sie zu uns und verstärken gute Eigenschaften, und manchmal bewirken sie das genaue Gegenteil. Nicht immer passen daher die Ziele, die wir uns setzen, auch wirklich zu uns selbst. Wir rennen Zielen hinterher, die wir eigentlich gar nicht leben. Eingeflüstert von äußeren Einflüssen. Der Weg zu diesen Zielen bedeutet für uns, dass wir nicht wirklich authentisch leben. Heraus kommt meistens ein Mix zwischen dem Leben, das unseren vermeintlichen Zielen dient und unserem wirklichen und authentischen Leben, wodurch wir weder unsere vermeintlichen Ziele erreichen, noch wirklich glücklich sind. Falsche Glaubenssätze, die nicht zu uns passen, sorgen für falsche Ziele, die auch nicht zu uns passen. Überprüfe deshalb deine Ziele, ob sie auch zu deinen Werten passen und ob der Weg dahin, wirklich das Leben bedeutet, welches du dir auch für dich vorstellst. Ein Profisportler wird seine Gesundheit immer wieder auf die Probe stellen müssen und ausgiebiges Reisen verträgt sich nicht mit vielen Haustieren. Was ist dir wirklich wichtig und passt auch zu deinen tatsächlichen Werten? Wie sieht dies bei deinen aktuellen Zielen aus?

11 Dein gesundes Leben

Eine gute Gesundheit ist nicht zwingend notwendig für ein glückliches Leben. Man kann auch in der Krankheit glücklich sein. Aber eine gute Gesundheit kann beim glücklich sein sehr helfen. Überlege dir daher genau (erstaunlich, dass wir das bei einem so wichtigen Thema nicht öfters oder schon von alleine tun), was du für ein gesundes Leben benötigst. Du kennst dich in der Regel eigentlich ganz gut und weißt, was dir gut tut, und was nicht. Schreibe dies auf. Schreibe alles auf, was du für ein gesundes Leben benötigst.

Und dann kannst du dir dein Leben so einrichten, dass es diesem Idealbild zumindest sehr nahe kommt. Wie viel Schlaf benötigst du? Wie viel Gesellschaft ist für dein Seelenheil wichtig? Welche Lebensmittel tun dir gut und wie sieht deine Balance zwischen Sport- und Ruhephasen aus? Wenn du dich mit deinem persönlichen und gesunden Leben beschäftigst, lernst du auf dich selbst zu hören und auf dich zu achten. So kannst du dir dein glückliches Leben erschaffen und erhalten. Und zwar im Gleichgewicht mit deinen verschiedenen Bedürfnissen.

12 Das Drehbuch deines Lebens

Je genauer deine Vorstellungen von deinem persönlichen Leben sind, umso wahrscheinlicher ist es auch, dass du dein eigenes und glückliches Leben auch führen kannst. Mach dir ein genaues Bild von deinem gewünschten Leben und auch von den einzelnen Szenen deines gewünschten Lebens. Es liegt alles in deiner Verantwortung. Das Drehbuch und auch der Stift zu deinem glücklichen Leben liegen in deiner Hand. Wenn du das Drehbuch zu deinem Leben schreibst, nimmst du automatisch eine steuernde Rolle ein und landest auf dem Fahrersitz. Du bist der Drehbuchschreiber und Regisseur in einem, und nicht nur einer der Darsteller. Dadurch kannst du Zusammenhänge in deinem Leben erkennen und dir auch Gedanken zu verschiedenen Alternativen und unterschiedlichen Wegen machen. Nichts bringt dich aus der Ruhe, da du viele der verschiedenen Szenarien bereits kennst.

Sei mutig und plane nicht nur kleine Dinge, wie deine Einkäufe oder Projekte im Beruf. Plane das Wichtigste. Plane dein Leben und erzähle die Geschichten, die du gerne erleben möchtest. Schreibe das Drehbuch zu deinem Leben selbst. Und sei dir bewusst, dass man ein Drehbuch nicht über Nacht schreibt. Und dass ein guter Regisseur sich trotz Drehbuch nicht davor scheut, während des Drehs und während der tatsächlichen Ausführung, Änderungen vorzunehmen und wichtige Entscheidungen zu treffen.

Das Drehbuch gibt den Rahmen vor und führt dich durch einen Großteil deines Lebens. Und trotzdem lässt es immer eine gewisse künstlerische Freiheit zu. In dieser dann vielleicht auch die entscheidende Würze oder eine gewisse Magie liegt. Doch eines ist klar, eine gewisse Magie kann nicht immer oder dauerhaft entstehen. Ein gutes Drehbuch ermöglicht es erst, sich dem Stück so hinzugeben, dass man dann in den entscheidenden Momenten das Bewusstsein für die aufkommende Magie hat und eine schnelle und echte Entscheidung treffen kann.

13 Entscheide dich für dich

Glücklich zu sein hat erstmal nichts mit physischen Besitztümern zu tun. Glücklich zu sein ist vor allem eine Entscheidung bzw. eine Einstellung von dir. Auf dem Weg zum Glück steht am Anfang die Entscheidung, glücklich zu sein. Entscheide dich dafür, dich nicht mehr von äußeren Umständen negativ beeinflussen zu lassen. Entscheide dich dafür, in schwierigen Situationen positiv zu bleiben. Entscheide dich dafür, dich immer daran zu erinnern, dass du jederzeit beschließen kannst, glücklich zu sein.

Immer wenn du bewusst positiv bist, dann ist das eine Entscheidung für dich. Und auch immer dann, wenn du ankommenden schlechten Gedanken keinen Platz gibst. Entscheide dich dafür, dass du dich um dein Glück kümmern wirst. Entscheide dich dafür, dass du nach dir schauen und auf dich hören wirst. Entscheide dich dafür, den Dingen, die du liebst, genügend Platz in deinem Leben zu geben. Entscheide dich dafür, losgelöst von allen äußeren Umständen, glücklich zu sein. Entscheide dich für dich.

02

Die Zügel deines Lebens

– Du gibst den Rhythmus vor

14 Dein persönlicher Fürsorgeauftrag

Wenn man das Gefühl hat, selbst bestimmen zu können, ist man häufig glücklicher. Und vor allem, wenn man dann auch die Dinge wirklich selbst bestimmt. Deshalb ist es wichtig, dass man die Verantwortung für sein Leben übernimmt. Spätestens mit der Vollendung des 18. Lebensjahres bist du vollständig für dich verantwortlich. Natürlich gibt es auch äußere Umstände, aber trotzdem triffst du die wesentlichen Entscheidungen und bestimmst, wie du mit äußeren Einflüssen umgehst.

Nimm deinen persönlichen Fürsorgeauftrag an. Dies ist ganz wichtig, um eine aktive Rolle in deinem Leben einnehmen zu können. Andere können nur erahnen, was für dich gut ist. Du selbst weißt das jedoch am besten. Und warum sollen sich andere um dich kümmern? Und dann auch noch dauerhaft? Glücklich ist, wer ein selbstbestimmtes Leben führt. Und wer auch die Überzeugung hat, Dinge in seinem Leben bewirken zu können. Dazu ist es wichtig, dass man die Verantwortung für sich und sein Leben übernimmt. Gib niemandem anderen die Schuld für irgendwas. Kümmere dich darum, dass es dir gut geht.

15 Klar wie ein Bergsee

Lerne dich zu entscheiden. Um die Kontrolle über dein Leben zu übernehmen und ein selbstbestimmtes und glückliches Leben zu führen, ist es wichtig, dass du die anstehenden Entscheidungen triffst. Nur so kannst du dein Leben nach deinen Werten und Vorstellungen ausrichten. Und dadurch auch im Einklang mit dir selbst leben. Und im Alltag spart es Zeit und Nerven. Wenn du weißt, was du willst, musst du nicht auf andere warten. Du kannst aktiv sein und wer dann mitkommt, kommt mit, und wer nicht mitkommt, kommt eben nicht mit.

Lerne ganz genau zu formulieren, was du willst. Danach siehst du dann, bei anstehenden Entscheidungen, ob es für dich ein „Ja“ oder ein „Nein“ bedeutet. Oder ob du eine dritte Option ins Spiel bringen möchtest. Eine klare Vorstellung davon zu haben, was du willst, hilft dir dabei, klare und authentische Entscheidungen zu treffen. Und jede authentische Entscheidung stärkt wiederum deine Vorstellungen und Prioritäten. Versuche im Alltag möglichst viel zu üben, und alle möglichen Entscheidungen selbst zu treffen. Es ist gut, klein anzufangen, um dann bei den großen Entscheidungen genug Übung zu haben.

16 Ich will es so

Entscheidungen zu treffen, ist das eine, dies bewusst zu tun, das andere. Selbst wenn wir nicht gut im Entscheiden sind, so treffen wir über den Tag verteilt trotzdem unzählige Entscheidungen. Doch wie viele Entscheidungen davon wollen wir wirklich genau so treffen? Wie viele Entscheidungen triffst du bewusst? Gewöhne dir an, Entscheidungen bewusst zu treffen. Halte vor Entscheidungen kurz inne und treffe diese dann im vollen Bewusstsein.

Dadurch lernst du, nicht nur deine Impulse zu kontrollieren, sondern du legst auch die Grundlage für ein achtsames Leben im Hier und Jetzt. Und du kannst automatisch kontrollieren, ob deine Entscheidungen zu deinem glücklichen Leben passen und kannst dann entweder dagegensteuern, oder du bekommst die Bestätigung dafür, dass du auf dem richtigen Weg bist. Woran sich dann auch das verdiente Glücksgefühl anschließt. Auch hier kannst du wieder bei alltäglichen Tätigkeiten üben. Egal wofür du dich den Tag über entscheidest, tu es bewusst.

17 Aus der Zeit gefallen

Wie wäre es, wenn du auf dem Weg zu einer Entscheidung, einfach mal dich selbst um Rat fragen würdest? Den besten Ratgeber für uns haben wir immer an unserer Seite. Natürlich aber auch nicht nur einfach so. Frage dich zum Beispiel, was du einem guten Freund raten würdest, wenn er in der gleichen Situation wie du wäre? Wenn du diese Frage beantwortest, holst du dir quasi eine Meinung bei dir selbst ein und bekommst gleichzeitig auch eine ehrliche Meinung von dir selbst. Wenn wir anderen einen Ratschlag geben, sind wir häufig viel klarer und direkter, weil wir die Konsequenzen, die vielleicht erst mal hart aber notwendig sind, nicht selbst spüren müssen. Wir können Ratschläge geben, die sich langfristig postiv auswirken, weil wir die kurzfristigen Opfer hierfür nicht selbst erbringen müssen.

Oder noch besser. Was würde dein jüngeres Ich dir selbst in deiner aktuellen Situation raten? Und was dein älteres? Aus jeweils einer anderen Zeit und Perspektive? Am Ende bekommst du hoffentlich nicht nur einen guten Ratschlag, sondern begegnest dir selbst auch im höchsten Maße auf höchst empathische Weise.

18 Im Einklang mit dir selbst

Wenn du befreit wärst, von allen inneren und äußeren Zwängen, wie würdest du dich dann entscheiden? Wie würde sich dein wahres Ich entscheiden? Diese Fragen können kleine Alltagshelfer sein, um deine Entscheidungen so zu treffen, wie du sie eigentlich treffen willst. Und mit jeder Entscheidung in die Richtung zu deinem wahren Ich, wird es zukünftig einfacher. Unsere Entscheidungen sind charakterbildend. Und gehört etwas erstmal zu unserem Charakter, verlieren wir das auch nicht wieder so schnell.

Du bist glücklich, wenn du so lebst, wie es deinem wahren Ich entspricht. Auch wenn dir hierfür manche Entscheidungen am Anfang noch schwer fallen, weil du bisher immer in eine andere Richtung gegangen bist und jetzt einen neuen Weg einschlagen musst. Doch mit jeder Entscheidung wirst du selbstbewusster und -sicherer. Dein Weg verfestigt sich. Und jedes Mal, wenn du dir die obigen Fragen stellst, bekommst du ein weiteres Beispiel für dein authentisches Leben. Und selbst wenn du dich noch einmal anders entscheidest, hast du dich wieder ein Stück weit näher kennengelernt. Und entscheidest du dich doch für dein wahres Ich, dann steigert dies deine innere Zufriedenheit ungemein.

19 Den Schuh zieh ich mir gerne an

Einen großen Einfluss auf die Art der Entscheidungen, die sich dir überhaupt stellen, haben die Rollen, die du in deinem Leben einnimmst. Familie, Beruf, Freunde, Hobbys, Ehrenamt... Praktisch jeder nimmt gewisse Rollen in seinem Leben ein. Doch die Zahl der Rollen, die wir tatsächlich übernehmen und denen wir dann auch gerecht werden können, ist leider begrenzt. Wähle deine Rollen daher bewusst. Sind es zu viele, bist du nirgends richtig dabei. Und wenn du es doch versuchst, wird es dir wahrscheinlich früher oder später zu viel.

Auf der anderen Seite solltest du die Frage nicht vernachlässigen, ob deine Rollen dich auch glücklich machen. Zumindest mehr als die Hälfte sollte dir schon ein gutes Gefühl vermitteln. Wenn sich dein täglicher Entscheidungsspielraum nur in einer Rolle bewegt, die schon grundsätzlich nur mäßig zu dir passt, dann brauchst du dich nicht lange mit den einzelnen Entscheidungen innerhalb dieser Rolle beschäftigen. Welche Rollen füllst du aktuell aus? Welche davon machen dich glücklich? Wähle deine Rollen bewusst.

20 Füttere das Gewohnheitstier in dir mit der richtigen Nahrung

Wir Menschen sind Gewohnheitstiere. Ein Großteil unserer Handlungen ist immer wiederkehrend. Von Gewohnheiten, die nur wenige Minuten täglich einnehmen (Hallo „Kaffee“) bis hin zu Gewohnheiten, bei denen sich teilweise mehrere Stunden ansammeln können (Hallo „Bildschirmzeit“). Unsere Gewohnheiten haben damit zweifelsfrei einen großen Einfluss auf unser Leben und damit auch auf unser Glück. Setze dir daher bewusst deine großen Gewohnheiten, also die, die viel Zeit und Emotionen einnehmen. Diese sind ein wichtiger Hebel für alles in deinem Leben. Unter anderem zum Beispiel, um neue und passendere Rollen einzunehmen. Dafür musst du größere Gewohnheiten austauschen.

Was ist dir wichtig im Leben? Gibt es dafür eine Gewohnheit? Sollte es dafür zukünftig eine Gewohnheit geben? Besonders die eine Sache, die dir vielleicht am wichtigsten ist. Hat diese schon einen festen Platz in deinem Tag? Führen dich deine aktuellen Gewohnheiten zu deinem gewünschten Leben? Machen sie dich glücklich?

21 Die wichtigsten Versprechen gibst du dir selbst

Die besten Vorsätze bringen nichts, wenn man sich nicht daran hält. Und es ist auch kein besonders schönes Gefühl, wenn man sich selbst in den Rücken fällt. Halte dich daher an die Versprechen, die du dir selbst gibst. Das zeigt dir gegenüber nicht nur Respekt und Wertschätzung, sondern wertet auch dich selbst und deine Ziele auf. Jedes Mal, wenn du dich an ein Versprechen hältst, kommst du deinem authentischen Leben einen Schritt näher. Umgekehrt entfernst du dich aber natürlich auch immer wieder einen Schritt davon. Hältst du dich nur jeden zweiten Tag an deine Versprechen, kannst du dich schon mal ein wenig umsehen. Denn dort wo du dann heute bist, wirst du auch morgen sein. Sieh zu, dass du mehr Schritte in die richtige Richtung gehst, als umgekehrt. Sei aufmerksam, wenn du mal doch nicht tust, was du dir vorgenommen hast. Dadurch lebst du bewusster und es hilft dir eventuell, dich doch daran zu halten. Und wenn nicht, dann hast du dadurch die Chance, die Rahmenbedingungen so zu verändern, dass es dir zukünftig leichter fallen wird, dich daran zu halten.

03

Carpe diem

– Ein selbstbestimmter Tag

22 Wie lebst du?

Ein glückliches Leben beginnt bei dir. So auch bei deiner Tagesgestaltung. Denn dein Tag ist dein tatsächliches Leben. Überlege dir, womit du aktuell deine Zeit verbringst. Und wenn du es schwarz auf weiß möchtest, dann notiere dir einmal eine Woche lang alle deine Aktivitäten. Am besten so genau wie möglich, also mindestens auf fünf bis zehn Minuten genau. Dadurch lernst du nicht nur dich selbst besser kennen, sondern auch den Tag und seine Stunden. Zum einen, was tatsächlich möglich ist, und zum anderen aber auch, wie begrenzt ein Tag sein kann. Vieles beginnt mit einer guten Analyse. Das kann ein Kassensturz sein, wenn es ums Geld geht, oder auch eine Bestandsaufnahme, wenn es um Gegenstände geht. Wenn man ein Haus bauen möchte sieht man sich erstmal das Grundstück genau an und wenn man eine Arbeit antritt erkundigt man sich vorher über die gewünschten Tätigkeiten. Und wenn man den Tag wirklich leben möchte, sollte man sich erstmal seinen aktuellen Tagesablauf ansehen und ein Gefühl dafür bekommen, was denn so möglich ist an einem Tag in seinem eigenen Leben. Und mit so einer kleinen Auswertung kannst du auch schon ganz gut erkennen, bei welchen Tätigkeiten du schon wirklich glücklich bist und wo man vielleicht noch ein wenig nachbessern kann.

23 Jede Minute des Tages gehört dir

Eine halbe Stunde im Bett liegen bleiben, auf E-Mails reagieren, eine viel zu lange Pause am Mobiltelefon machen, nach der Mittagspause wahllos in einem Magazin blättern, einen Anruf entgegennehmen, danach emotional aufgewühlt sein, usw.. Der heutige Tag hat viel zu bieten. Doch wenn es viele Möglichkeiten und Ablenkungen gibt, ist es umso wichtiger, die Sachen aktiv anzugehen, als von kurzfristigen und einfachen Bedürfnissen gesteuert zu werden. Der radikalste, aber vielleicht auch erfolgreichste Ansatz ist es, seinen Tag genau zu planen. Wie mit einem Stundenplan für die Schule. Schreibe dir relativ genau auf, was du nacheinander und um welche Uhrzeit machen wirst. Entweder digital oder in einem Notizbuch. Dies nimmt dir den täglichen Druck, viele Entscheidungen zu treffen und entspannt dich extrem. Viele werden von der Paralyse durch Analyse heimgesucht, der sogenannten Entscheidungslähmung. Wer zu viele Möglichkeiten hat, macht am Ende häufig gar nichts und verharrt bei der Suche nach der besten Alternative. Doch wenn man sich nicht den ganzen Tag mit Dingen beschäftigt, die man möglicherweise verpassen könnte, erreicht man nicht nur mehr, sondern ist auch glücklicher.

24 Zeiten der Unerreichbarkeit

Selbst wenn man nicht den ganzen Tag verplanen möchte, macht es Sinn, wenigstens ein paar Stunden am Tag unerreichbar zu sein und sich nur auf eine Sache zu fokussieren. Versuche, alle möglichen Störquellen zu entfernen und Benachrichtungen auszuschalten. Du wirst schnell sehen, wie viel Spaß es macht, wirklich ausschließlich nur einer Sache nachzugehen. Das intensiviert nicht nur das Leben, man wird auch erfolgreicher in dem was man tut und auch gücklicher dabei. Je höher die Sicherheit ist, dass man die kommenden Stunden mit etwas bestimmtem verbringen kann, umso höher ist auch die Bereitschaft, dies zu tun. Vor allem wenn man die anschließende Pause auch noch in die Unerreichbarkeit mitaufnimmt.

Es ist schwierig, das Gehirn auszuschalten. Es wird immer auf äußere Einflüsse reagieren. Deshalb müssen wir es schützen, so wie wir auch ganz erpicht darauf sind, alles mögliche andere vor äußeren Einflüssen zu schützen.

25 Anker helfen beim Ankern

Eine weitere Methode, den Tag aktiv zu gestalten, ist es, sich zumindest Ankerpunkte zu setzen. Gerade an Sonn- und Feiertagen, an denen meistens eine natürliche Struktur fehlt, ist dies wichtig, weil man sich sonst sehr schnell in der Entscheidungslähmung wiederfindet. Und glücklich macht das dann nicht wirklich.

Entscheide dich für ein paar Ankerpunkte. Also zumindest für zwei bis drei Dinge, die du zu einer bestimmten Uhrzeit machen wirst. Solltest du dann in die Entscheidungslähmung kommen, hast du einen Ankerpunkt, der dich wieder herauszieht, sodass du wenigstens nicht den ganzen Tag festhängst.

Welche Ankerpunkte könntest du dir setzen? Was macht dir Spaß und womit könntest du deinen Tag gut strukturieren?

26 Den Anschlusszug nicht verpassen

Gerade die vermeintlichen Pausen zwischen zwei Aufgaben, können sich zu großen Zeitfressern entwickeln. Vor allem dann, wenn man noch gar nicht weiß, wie es weitergehen soll. Deshalb kann es hilfreich sein, immer wenigstens die Anschlussaufgabe zu planen. Gehe erst in deine Pause oder beende erst eine Aufgabe, wenn du weißt, womit du danach weitermachen wirst. Wenn du nicht deinen ganzen Tag geplant hast, dann plane zumindest während einer Aufgabe, was du als nächstes machen wirst oder wie es nach einer möglichen Pause weitergehen wird. Und am besten ist es, wenn dies keine kreative Tätigkeit ist, sondern etwas, das du ohne große Überlegungen ausführen kannst. So kommst du schnell wieder rein in die Aufgabe und die Hürden, nach der Pause wieder zu starten, sind minimal. Womit machst du weiter? Und wenn du dir diese Frage stellst dann beachte, dass es helfen kann, Action und Ruhe abzuwechseln. Nach einem langen Bürotag ist es geschickter, zuerst etwas Sport zu machen und dann noch etwas ruhigeres, als andersherum. Sieh zu, dass du immer gut von einer Tätigkeit in die nächste kommst und dass du dabei nie den Anschlusszug verpasst.

27 Gesunde Pausen

Für einen aktiven und selbstbestimmten Tag sind Pausen unerlässlich. Niemand kann durchgehend immer in Aktion sein. Noch besser als normale Pausen sind aber auch wirklich gesunde Pausen. Ansonsten benötigst du noch eine Pause von der Pause. Oder die Pause wird ungeplant viel länger als gedacht. Und das kann nicht das Ziel sein.

Wertvolle Tipps für gesunde Pausen sind zum Beispiel, den Blick in die Ferne zu richten, am besten ins Grüne, oder die Augen gar ganz zu schließen. Auf jeden Fall jedoch nicht einen Bildschirm ins Visier zu nehmen. Des Weiteren können kleine Dehnübungen ganz entspannend sein oder auch ein paar Seiten in einem Roman zu lesen. Auch das Trinken vergisst man viel zu häufig, man könnte es sich aber zu einer Gewohnheit für die Pausen machen und so zwei Fliegen mit einer Klappe schlagen. Überlege dir aktiv, was du in deinen Pausen tust. Mit welchen kleinen Pausenritualen könntest du dich gut anfreunden und welche davon wirst du zukünftig ausprobieren? Und zwar für deine Pausen, die dann auch wirklich Pausen sind.

28 Zehn Minuten mehr

Vier Jahre lang Training für Olympia oder wochenlanges Proben für die Theaterpremiere. Immer wenn jemand etwas richtig gut macht, steckt meistens eine lange Vorbereitungszeit dahinter. Jetzt trainiert nicht jeder für Olympia oder spielt Theater, aber selbst die Amateurspieler machen sich vor jedem Training und Spiel mehrere Minuten warm und auch die Laienschauspieler machen Sprechübungen vor den Proben und Auftritten. Doch bei der Büro- oder Hausarbeit ist das alles irgendwie nicht angesagt. Man hetzt von Termin zu Termin, ohne wirkliche Vorbereitung. Diese findet gar nicht statt oder nur irgendwie bei der jeweils vorangegangen Tätigkeit. Doch das stört das Glück. Man ist nirgends richtig und macht auch nichts richtig.

Genehmige dir genügend Vorbereitungszeit. Und wenn es nur ein zehnminütiges Einstimmen auf die nächste Tätigkeit oder auf den nächsten Termin ist. Die Qualität, der Spaß und die Intensität werden merklich steigen. Wer sich im Sport nicht aufwärmt, verletzt sich häufig. Wer sich im Alltag nicht aufwärmt, verletzt sich auch häufig. Nur anders.

29 Raum für deinen Kram

Ein selbstbestimmter Tag heißt auch, dass man sich mit seinen Zielen beschäftigt. Voranzukommen macht glücklich. Genauso, wie wenn man an seinen eigenen Plänen arbeitet und diese in die Tat umsetzt. Das sind ganz persönliche Erfahrungen, die einem ein gutes Gefühl geben. Wenn man den Fortschritt in seinem Leben sieht, gibt einem das ein gutes Gefühl. Ob das jetzt 20 Minuten täglich sind, in denen man eine neue Sprache lernt oder ob man 45 Minuten Sport macht und dabei ein Ziel verfolgt, ist völlig egal. Wichtig ist, dass es sich um deine persönlichen Ziele handelt. Je mehr du deine Sachen machst umso mehr werden diese zu deinem Leben. Du lebst nach deinen Werten und verfestigst sie.

Gib den Dingen, die dir wichtig sind, einen festen Platz in deinem Leben. Vernachlässige bei deiner Tagesplanung niemals deine eigenen Ziele. Man schiebt diese häufig nach hinten, weil diese etwas Besonderes sind und sich manchmal nicht mit den sonstigen gesellschaftlichen Erwartungen decken. Es ist einfacher, einkaufen zu gehen oder die Wohnung zu putzen, als ein Buch zu schreiben oder eine neue Sprache zu lernen. Aber das sind dann auch nicht deine inneren Ziele. Es sind nicht die Dinge, auf die es ankommt.

30 Das wichtigste des Tages zuerst

Eine der besten Methoden sein Leben, seinen Tag und auch sein Glück auf Kurs zu halten ist es, den Tag mit dem zu starten, was dir persönlich am wichtigsten ist. Du hast so jeden Tag ein ganz persönliches Erfolgs- und Glückserlebnis, das dich nicht nur in der Sache voranbringt, sondern auch jeden Tag positiv gestalten lässt.

Man ist morgens häufig nicht nur am frischesten und auch am leistungsfähigsten, sondern startet so auch jeden Tag mit dem Gefühl, etwas erledigt zu haben. Dies stärkt die so entscheidende Selbstwirksamkeit immens. Der Morgen gibt die Richtung für den ganzen Tag vor. Startest du hier in die richtige Richtung, überträgt sich das auf den ganzen Tag. So gehst du auch der decision fatigue aus dem Weg, der sogenannten Entscheidungsmüdigkeit. Je mehr Entscheidungen wir treffen, umso schwerer fällt es uns, weiterhin gute Entscheidungen zu treffen. Starte deshalb immer mit der wichtigsten Sache. Am besten noch, bevor irgendwelche äußeren Reize (v.a. Benachrichtigungen jeglicher Art) angenommen werden. Was ist dir am wichtigsten?

31 Klarheit beginnt am Sonntag – und an jedem Abend

Fast jedes Team, ob im Büro, auf der Baustelle oder im Sport, plant seine Woche. Nutze auch du den Sonntag, um den Rhythmus deiner Woche vorzugeben. Das gibt dir nicht nur Ruhe und die Gewissheit, dass du alles unterbringen wirst, sondern auch Vorfreude auf all die schönen Dinge, die du einplanst. Und du kannst auch wunderbar kontrollieren, ob du auf dem richtigen Weg bist und ob die Dinge, die du einplanst, zu dir und deinen Zielen passen.

Unabhängig davon empfiehlt es sich auch, sich abends fünf Minuten Zeit zu nehmen und den nächsten Tag kurz durchzugehen. So kannst du dich schon auf mögliche Entscheidungen vorbereiten und dann auch gut schlafen, weil du schon weißt, womit du den nächsten Tag starten wirst. Und du hast die Chance, den kommenden Tag viel bewusster und intensiver zu erleben. Was wirst du morgen alles tun? Wie startest du in den Tag? Worauf freust du dich?

32 Es ist angerichtet

Pflanzen können wunderschön blühen und für viele Menschen eine Freude sein. Sie können aber auch schon nach wenigen Tagen komplett eingehen. Wenn eine Pflanze nicht mehr wächst oder blüht, ist es hilfreich, sich ihre Umgebung mal genauer anzusehen. Wie sind denn ihre Rahmenbedingungen und wird es ihr eher leicht, oder eher schwer gemacht, ihre volle Blütenpracht zu entfalten?

Bei uns Menschen ist das ähnlich. Musst du deine Sportklamotten jedes Mal erst vom Dachboden holen, deine Sportschuhe aus dem Keller und dann noch 45 Minuten in das Fitnessstudio fahren? Oder liegen deine Sportklamotten und -schuhe in deiner Wohnung neben ein paar Kurzhanteln und Terrabändern bereit? Schaffe für deine wichtigsten Aktivitäten die richtigen Handlungsräume, sodass du mit dem geringstmöglichen Aufwand loslegen kannst. Was brauchst du für dein gesundes und glückliches Leben? Wie kannst du deine Umgebung so einrichten, dass es dir nahezu leicht fällt, die richtigen Dinge zu tun bzw. du auch gar nicht in die Versuchung gerätst, nach Alternativen zu suchen?

33 66 Tage

Unser Leben besteht zu einem Großteil aus Routinen. Sie bestimmen unseren Tag, unseren Charakter und damit auch unser Schicksal. Wenn wir unser Schicksal verändern möchten, müssen wir unsere Routinen verändern. Es gibt unterschiedliche Ansichten darüber, wie lange es dauert, eine neue Routine aufzubauen. Eine davon besagt, dass es 66 Tage sind. Wahrscheinlich gibt es jedoch nicht die eine Zahl. Wichtig ist jedoch, dass es nicht von heute auf morgen geht. Auch Rom wurde nicht an einem Tag erbaut.

Bringe dir selbst den nötigen Respekt entgegen, um durchzuhalten. Vor allem zu Beginn von neuen Routinen. Du hast die Routinen in der Regel nicht umsonst gestartet. Und wenn sie wirklich aus einem inneren Wunsch entstanden sind, und nicht durch äußere gesellschaftliche Einflüsse, dann halte durch bis es einfach wird. Denn das wird es garantiert. Aber eben nicht in der ersten Woche. Und Quantität schlägt erstmal Qualität. Lieber jeden Tag ein bisschen als einmal die Woche ganz lang. Dranbleiben. Und sich daran erinnern, wie Routinen funktionieren.

34 Unbegrenzte Möglichkeiten

Anfang des 20. Jahrhunderts waren die Konsumgüter und auch die Möglichkeiten begrenzt. Man hat gelernt zu sparen und mit den wenigen Arbeitsstellen, die zur Verfügung standen, zurechtzukommen. Im 21. Jahrhundert sieht es an vielen Stellen der Erde nun anders aus. Wir leben in einer Konsumgesellschaft, in der vieles möglich ist. Der Spruch „Das Land der unbegrenzten Möglichkeiten" gilt mittlerweile für viele Teile der Welt. Doch was oft fehlt, ist, dass man nicht gelernt hat, nein zu sagen. Sich abzugrenzen. Und auf der anderen Seite wiederum vor allem bewusst ja zu sagen. Entscheidungen bewusst zu treffen. Erleichtern kann dir dies, wenn du dir einfach zwei Listen zulegst. Eine mit Dingen, die du machst, und eine mit Dingen, die du nicht oder nicht mehr machen wirst. Das geschriebene Wort zählt immer mehr und gerade, wenn man sich vielleicht auch Dinge abgewöhnen möchte, hilft eine verschriftlichte Form. Was ist dir wichtig und worauf verzichtest du bewusst? Was wirklich zu dir passt, setzt du auf deine allgemeine „To-do-Liste" und was du nicht machen möchtest, auf deine allgemeine „Not-to-do-Liste". So bekommst zu zwei nützliche Begleiter, die dich sicher durch die vielen Möglichkeiten des Tages führen.

04

Gesellschaftsspiele

– Das Zeitalter der Menschen

35 Eine Erfolgsgeschichte

Du bist nicht alleine auf dieser Welt. Und zwar zum Glück. Auch wenn wir uns manchmal ganz individuell über andere Menschen ärgern und sie unser Leben ein bisschen schwerer machen, so ist unsere Lebensqualität vermutlich auf einem Allzeithoch, weil sich Milliarden von Menschen dazu einbringen, dass die Erde funktioniert. In Summe überwiegt das Positive gegenüber dem Negativen um Längen. Da ist der eine Schüler, der sich vor Jahren dafür entschieden hat, ganz viel zu lernen, und dich heute als Arzt bei Krankheiten behandelt. Und da ist der andere Schüler, der Polizist wurde und nun für Sicherheit sorgt. Und es gibt bei beiden den Lehrer, der für all das die Grundlagen gelegt hat.

Alle Güter, die wir besitzen und nicht selbst hergestellt haben, gibt es nur, weil das Zusammenspiel der Menschen so gut funktioniert. Die einen kümmern sich um die Forschung, die anderen um die Sicherheit und wieder andere um Politik. Natürlich nicht immer ganz uneigennützig, aber trotzdem würde das Leben, so wie wir es kennen, ohne unsere Mitmenschen nicht funktionieren. Und wenn jeder nur für sich leben würde, wäre die Lebensqualität und -erwartung um ein vielfaches geringer. Der Umgang mit anderen Menschen ist in unserer Welt, wie wir sie kennen, elementar. Deshalb ist es wichtig, dass du eine grundsätzlich positive Einstellung zu deinen Mitmenschen hast. Menschen wecken bei dir bestimmte und oft auch intensive Emotionen, was sie zu wichtigen Begleitern auf deiner Glücksreise macht und wodurch sie einen großen Einfluss auf dich und deinen Charakter haben. Sei dir dem bewusst. Und vielleicht helfen dir diese Gedanken und relativieren alles ein wenig, wenn es mal wieder im zwischenmenschlichen Bereich ein wenig knirscht. Menschen sind keine Maschinen. Sie können mehr. Doch es gibt das eine nicht ohne das andere.

36 High five – wähle bewusst

Wir spiegeln ganz automatisch das Verhalten von unseren Mitmenschen. Das heißt, wir nehmen ihre Verhaltensweisen in unser eigenes Repertoire mit auf. Bei bestimmten Sprüchen oder Wörtern kommt das manchmal sehr schnell zur Geltung. Das gilt aber auch für alle anderen Dinge. Von der Kleidungswahl bis hin zu gewissen Wertvorstellungen. Nicht umsonst heißt es, dass wir der Durchschnitt der fünf Personen sind, mit denen wir die meiste Zeit verbringen. Diese fünf Personen prägen unser Leben essenziell. Und haben damit auch einen großen Einfluss darauf, ob wir glücklich sind und ob es uns gut geht. Wenn du dich tagtäglich mit Menschen triffst, die selbst nicht glücklich und zufrieden sind, wird es fast unmöglich sein, dass du selbst glücklich und zufrieden bist.

Wähle deshalb bewusst, wer deine fünf engsten Menschen sind. Mit wem verbringst du aktuell die meiste Zeit? Passen diese fünf Personen zu deinem wahren Ich? Machen sie dich glücklich? Sind sie selbst glücklich? Gibt es Menschen, mit denen du zukünftig mehr Zeit verbringen möchtest?

37 Die Mühle mahlt

Die gesellschaftlichen Strukturen sind relativ stabil. Und so wie eine Mühle ihr Korn mahlt, und nichts anderes tut, so bringen auch verschiedene Gesellschaften und Menschen aus einem bestimmten Umfeld, immer wieder die gleichen oder ähnliche Charaktere hervor. Man sagt auch, dass sich Geschichte immer wieder wiederholt. Und das ist kein Zufall, sondern das Ergebnis der gesellschaftlichen Systeme, die immer wieder die gleichen Werte und Entscheidungen hervorbringen, die dann zu den gleichen Ereignissen führen.

In welchen gesellschaftlichen Kreisen bewegst du dich? Passen diese zu deinen Werten? Haben die Menschen aus deiner Umgebung ein glückliches Leben? Sind sie glücklich? Haben sie die gleichen Ziele, die du auch hast, schon erreicht? Wenn sich die Geschichte in bestimmten gesellschaftlichen Kreisen immer wieder wiederholt, dann ist es nur logisch, dass du die gleichen Geschichten schreiben wirst, wie die Menschen, die sich ebenfalls in deinem Umfeld bewegen. Wo ist dein Platz? Wo gehörst du hin? Wer passt zu dir?

38 Deine Glücksmenschen

Die Menschen in deiner Umgebung haben einen großen Einfluss auf dein Leben. Wenn wir daran glauben, dass wir wirklich der Durchschnitt der fünf Personen sind, mit denen wir die meiste Zeit verbringen, dann ist nichts einfacher auf dem Weg zu einem glücklichen und zufriedenen Leben, als sich mit glücklichen Menschen zu umgeben. Ihr Glück, ihre Zufriedenheit und ihre innere Ruhe werden sich nach und nach auch auf dich übertragen. Man muss dafür auch nicht von heute auf morgen jetzt nur noch Zeit mit bestimmten Menschen verbringen. Das Leben ist nicht absolut. Es heißt ja nur, mit den Menschen, mit denen du die „meiste" Zeit verbringst, das lässt auch viele andere Kontakte zu.

Doch welche Menschen aus deinem Umfeld kennst du, die glücklich sind? Und welche Schnittmengen, wie z.B. Hobbys, hast du mit diesen? Warum sind diese Menschen glücklich? Mit wem umgeben diese Menschen sich? Du musst dich diesen Menschen nicht komplett anpassen, aber vielleicht kannst du die Stundenzahl, die du mit diesen Menschen verbringst, ein wenig erhöhen. Und dann kannst du beobachten, was passiert. Geht es dir besser? Kommen noch mehr glückliche Menschen in dein Leben?

39 Auf der gleichen Wellenlänge

Mit manchen Menschen harmonierst du ganz gut und mit anderen wiederum weniger. Und das ist auch gar nicht schlimm. Schwierig wird es nur, wenn man an zu vielen Stellen versucht, Dinge zu erzwingen. Gute Beziehungen entstehen oft, wenn man bei gewissen Themen gleiche Ansichten oder Interessen hat. Wenn man mit jemandem viel Zeit verbringt ist es klar, dass man nicht immer einer Meinung ist und auch mal Unterschiede aushalten sollte.

Aber bei vielen anderen Kontakten hilft es einfach, wenn man sich auf die Personen konzentriert, die auch wollen. Die auf der gleichen Wellenlänge sind. Natürlich kann man in bestimmten Einzelfällen auch mal versuchen, Menschen zu verbiegen, aber auf Dauer wird das nicht funktionieren. Verbringst du Zeit mit Menschen, die wollen und auf deiner Wellenlänge sind, lernt ihr gemeinsam automatisch weitere Menschen kennen, die zu euch passen. Du hast dadurch die Chance, gute Beziehungen zu führen und auch wirklich authentisch zu leben, was dir dabei helfen wird, glücklich und zufrieden durch dein Leben gehen zu können.

40 Die „Wie fühlt sich…“-Übung

Gute soziale Beziehungen können massiv dazu beitragen, ein glückliches Leben zu führen. Nicht nur weil sie dir dabei helfen, deine Ziele zu erreichen, sondern auch weil sie zum einen für Spaß und Erlebnisse sorgen und zum anderen auch in schwierigen Zeiten für emotionalen Beistand. Um gute und tiefe Beziehungen zu deinen Mitmenschen aufbauen zu können, ist es wichtig, dass du dich in sie hineinversetzen kannst. Dass du lernst, sie zu verstehen. Denn dann bist du in der Lage, dich wirklich gut mit ihnen anzufreunden und du kannst auch gegenseitiges Vertrauen aufbauen.

Die „Wie fühlt sich…“-Übung hilft dir dabei, diese Empathie für andere Menschen zu entwickeln. Frage dich immer wieder, wie die Menschen in deinem Umfeld oder die, die dir gerade begegnen, sich aktuell fühlen. Was beschäftigt sie? Wie verhalten sie sich? Was schließt du daraus? Welchen Umständen sind sie gerade ausgesetzt? Über Gespräche bekommst du dann heraus, ob du richtig liegst und kannst so immer besser darin werden, ein gutes Gefühl für deine Mitmenschen zu entwickeln.

41 Auf der Suche nach ehrlichen Komplimenten

Nichts tut mehr gut, als ein ehrlich gemeintes Kompliment. Und es hilft dir dabei, gute Beziehungen zu führen und lenkt dein Bewusstsein automatisch auf die positiven Seiten deiner Mitmenschen. Überlege dir, was dir an deinen Freunden und deinen Familienmitgliedern gefällt. Was findest du hübsch an ihnen? Was können sie gut? Welche Handlungen haben dich beeindruckt?

Dies ist auch eine gute Übung für zwischendurch und eine schönere Alternative, als die elektronischen Zeitfresser. Du lenkst deinen Fokus automatisch auf all das Gute in deinen Mitmenschen und es wird dir immer leichter fallen, ehrliche Komplimente zu finden. Diese kannst du dann direkt anbringen oder auch über ein Gespräch, indem du bestimmte positive Handlungen deiner Mitmenschen nochmals ansprichst und ihnen dadurch zeigst, wie gut sie sind. Dies ist eine elegante Weise, anderen ein gutes Gefühl zu geben, und schafft eine positive Gesprächsatmosphäre.

42 Gutes Gespräch

Die Basis in der Beziehung mit anderen Menschen ist in der Regel immer das Gespräch. Ob beruflich oder privat, die Kommunikation über Gespräche ist ein Schlüsselelement des Zusammenlebens. Doch viele Menschen vernachlässigen gute Gespräche. Sie hören nicht zu, Fragen nicht nach und interessieren sich nicht für andere. Doch das ist schade. Es gibt so viel zu gewinnen und nur wenig zu verlieren. Besonders wenn es darum geht, mit neuen Menschen zu sprechen. Theoretisch reicht ein Thema oder eine gemeinsame Leidenschaft aus, um ein gutes Gespräch zu führen, nach welchem beide sagen, „der versteht mich". In einer Welt mit Millionen Meinungen gibt es einen Menschen, der vielleicht nicht gleich denkt wie ich, aber der mich versteht.

Ob beruflich oder privat, ob es mit unseren Mitmenschen funktioniert, hängt zu einem Großteil davon ab, ob wir nach einer Unterhaltung sagen können, „Gutes Gespräch". Bereite dich ein wenig vor, frage nach dem „Warum" und warte nicht nur darauf, deine Geschichte erzählen zu können, sondern höre zu. Und wenn du schon mit anderen über andere sprichst, dann immer nur positiv.

43 Kleine Geschenke erhalten die Freundschaft

Wenn man schenken möchte, muss man wissen, was. Und das bringt einen nicht nur dazu, besser zuzuhören, sondern sich auch intensiver mit seinem Gegenüber zu beschäftigen. Man wird automatisch empathischer, indem man sich in andere hineinversetzt. Und zwar positiv empathisch, da das Geschenk ja Freude machen soll. Man fokussiert sich darauf, was anderen Freude macht und lenkt so seine Aufmerksamkeit im Alltag automatisch auf die schönen Dinge, die im Idealfall einen selbst mit den anderen sogar verbindet. Und dann erhalten die kleinen Geschenke nicht nur Freundschaften, sondern vertiefen auch die Beziehungen zueinander.

Führe eine Geschenkeliste, für die du dir hin und wieder Zeit nimmst. Diese hilft dir dabei, am Ball zu bleiben, und dich auf die positiven Seiten zu fokussieren. Ein Geschenk mit einer emotionalen Verbindung ist natürlich immer eine gute Wahl. Noch besser sind gemeinsame Erlebnisse als Geschenk, aus denen dann eine gemeinsame Geschichte entstehen kann.

44 Gemeinsame Traditionen

Freundschaften aktiv zu pflegen ist wichtig, aber auch nicht immer einfach. Feste Traditionen können dir jedoch dabei helfen. So wie Routinen den Takt unseres Lebens vorgeben, so können sie das auch in unseren Beziehungen. Traditionen vereinfachen Beziehungen und helfen dabei, diese aufrechtzuerhalten.

Versuche gemeinsame Traditionen zu etablieren oder achte zum Beispiel auch darauf, wo sich gemeinsame Traditionen ergeben können. Oft fehlt hierzu gar nicht mehr als noch ein kleiner Schritt. Das können bestimmte Aktivitäten sein, die ihr zusammen macht, oder auch Anlässe, zu denen ihr regelmäßig gemeinsam geht. Konzerte, Feste, Restaurants, Sportereignisse oder auch etwas ganz individuelles, das euch verbindet. Eine gemeinsame Leidenschaft. Je weniger an einer Tradition teilnehmen, umso intensiver und persönlicher wird es, es funktioniert aber auch in Gruppen. Traditionen helfen einem dabei, auch in schlechten Zeiten die Dinge zu machen, die einem eigentlich gut tun, aber für die man ohne die Tradition vielleicht nicht die Kraft dazu hätte. Meistens wird man am Ende jedoch dafür belohnt, wenn man der gemeinsamen Tradition nachgegangen ist.

45 Zurückgeben

Es ist natürlich jedem selbst vorbehalten, ob und wie er Zurückgeben möchte. Es gibt allerdings gute Gründe, dies zumindest hin und wieder in seinen Alltag einzubauen. In der Regel bekommt man alles, was man gibt, mehrfach zurück. Wenn auch nicht immer direkt oder zeitgleich und auch nicht immer von den gleichen Personen. So wie man manchmal dummerweise, die durch andere verursachte schlechte Laune, an wiederum anderen Personen auslässt, so bekommt man häufig auch gute Laune ab, die man selbst so gar nicht ausgelöst hat.

Ob im eigenen Umfeld, zum Beispiel bei Umzügen, oder bei fremden Menschen, in zum Beispiel sozialen Einrichtungen, helfen macht häufig glücklich. Zurückgeben löst Glücksgefühle aus. Und jede gute Tat im Sinne der Nächstenliebe stärkt die Gesellschaft und damit auch dein persönliches Umfeld. Schon durch kleine Aufmerksamkeiten kannst du die Welt entscheidend zum Positiven beeinflussen. Und profitierst gleichzeitig auf den unterschiedlichsten Ebenen davon.

46 Eine fundamental andere Sicht

Es ist nicht immer so, wie es scheint. Der fundamentale Attributionsfehler besagt, dass man Handlungen von anderen zu oft deren Charakteren zuordnet und zu selten, den aktuellen Umständen, in denen sie sich befinden. Jemand grüßt dich nicht, wenn er an dir vorbeifährt. Jemand ist am Telefon kurz angebunden. Jemand sagt kurzfristig ab. Der ist halt so. Und dann ärgern wir uns. Manchmal mehr, manchmal weniger. Wir schreiben der Person einen schlechten Charakter zu.

Doch solange etwas negatives nicht regelmäßig geschieht, hängt es nach dem fundamentalen Attributionsfehler in der Regel viel stärker mit den aktuellen Umständen, als dem persönlichen Charakter zusammen. Den Autofahrer kann die Sonne geblendet haben. Jemand ist wirklich im Stress oder hat einen sehr wichtigen Termin vor sich, von dem er aber niemandem erzählen möchte. Jemand ist krank, möchte aber nicht von der vielleicht unangenehmen Krankheit berichten und erfindet eine schlechte Notlüge, die ihn auf den ersten Blick unzuverlässig erscheinen lässt. Wobei es eigentlich die Umstände sind, die seine Handlung ausgelöst haben. Berücksichtige den fundamentalen Attributionsfehler in deinem Alltag. Wann hast du ähnliche Situationen schon erlebt? Wann hast du dich vielleicht schon ähnlich verhalten und warst von den Umständen getrieben?

Warte mit Eskalationen oder emotionalen Antworten wenn nicht klar ist, ob Charakter oder Umstände der Haupttreiber sind. Denn alleine an dieser Auswahl wird schon klar, dass Eskalationen oder auch emotionale Reaktionen praktisch nie sinnvoll sind. Den Charakter einer Person wirst du mit hoher Wahrscheinlichkeit nicht ändern können und eine übermäßige Reaktion auf eine Handlung, die sich nur aus besonderen Umständen ergeben hat, hilft weder dir noch der anderen Person und auch nicht eurer Beziehung. Achte auf die Umstände und merke dir, dass es nicht immer so ist, wie es scheint.

47 Außerhalb deines Kontrollbereichs

Zu den Königsdisziplinen im Umgang mit anderen Menschen gehört, neben dem selbstlosen zurückgeben, wahrscheinlich auch die Eigenschaft, Dinge nicht immer gleich persönlich zu nehmen. Es verschafft dir nicht nur Gelassenheit und Klarheit, sondern erlaubt es dir auch, dich von nicht so schönen Erlebnissen emotional abzugrenzen. Dabei kann dir helfen, dass du dir klar machst, dass du nicht für andere verantwortlich bist. Sondern nur für dich. Dein Verantwortungsbereich erstreckt sich in erster Linie auf dich. Auch wenn wir das manchmal glauben, so sind wir nicht in der Lage, alles und jeden zu kontrollieren. Es hat in der Regel nichts mit dir zu tun, wenn sich andere Menschen dir gegenüber schlecht benehmen. Wenn es nicht zur Regel wird und du dich wie immer verhalten hast, dann kannst du dir relativ sicher sein, dass es nicht an dir liegt.

Lerne daher so früh wie möglich, negative Dinge nicht persönlich zu nehmen. Man wird diese Begegnungen nicht vermeiden können, wenn man grundsätzlich an der Gesellschaft anderer Menschen interessiert ist. Und deren grundsätzlicher Mehrwert ist unbestritten.

48 Du verzeihst für dich

Es ist ganz wichtig, Erlebnisse auch abzuschließen, um den Fokus auf das Hier und Jetzt nicht zu verlieren und ein glückliches Leben in der Gegenwart zu führen. Deshalb ist es ratsam, dass du auch das Verzeihen lernst. Denn du verzeihst als aller erstes für dich, und nicht für andere Personen. Es geht dir danach besser und du bekommst deinen freien Kopf zurück. Es fördert deine Gesundheit und schenkt dir sehr viel Lebenszeit, die du eigentlich nicht mit vergangenen Ereignissen verbringen musst. Verzeihen heißt jedoch nicht, dass etwas keine Konsequenzen nach sich zieht. Das kann parallel verlaufen und sollte es in gewissen Situationen auch, damit du nicht immer wieder aufs Neue verzeihen musst. Du kannst trotzdem, dass du verzeihst, Dinge zukünftig anders machen oder bestimmte Kontakte reduzieren. Lerne jedoch zu verzeihen und Dinge abzuschließen und schenke deinen vielen anderen Beziehungen, die vermutlich gut laufen, weiter dein Vertrauen und deine Energie.

Kannst du bestimmte Ereignisse schon gut abschließen? Wie schnell kannst du verzeihen, deine Schlussfolgerungen ziehen und dann nach vorne schauen?

05

Dem Leben mehr Tiefe geben

– Es wird intensiv

49 In die Momente reingehen

Glücklich zu sein hängt stark damit zusammen, ob man es schafft, die einzelnen Momente wirklich zu leben und im Hier und Jetzt anzukommen. Die Zeit zu verlangsamen und das Leben zu spüren. Wer die Momente kontrolliert, kontrolliert das Leben. Man kann die Schönheit des Lebens nur erkennen, wenn man auch wirklich hinsieht und nicht mit den Gedanken ständig woanders ist. Man kann das Leben nur voll auskosten, wenn man es an sich heranlässt und tief in die vielen kleinen Glücksmomente hineintaucht.

Beim Frühstück E-Mails lesen. Bei der Arbeit an den Einkauf denken. Beim Einkaufen den Sport planen. Beim Sport an den nächsten Arbeitstag denken. Beim Abendessen die Nachrichten des Tages lesen. Ist das das Leben? Frühstück ist Frühstück. Arbeit ist Arbeit. Einkaufen ist Einkaufen. Sport ist Sport. Familie ist Familie.

Lerne, den Moment zu leben. Mache immer nur eine Sache und nicht mehrere Dinge gleichzeitig. Lass dich auf deine aktuelle Tätigkeit und auf dein aktuelles Gegenüber ein. Schenke jedem Moment die Wertschätzung, die er verdient. Es ist dein Leben, es ist deine Zeit. Lerne, auf das Alltägliche zu achten und es zu genießen. Nicht vorher, nicht nachher, jetzt. Was zählt ist der aktuelle Augenblick. Was tust du gerade? Worauf kommt es an? Mit wem sprichst du? Wie fühlst du dich? Wo befindest du dich? Kleine Erinnerungshilfen wie zum Beispiel ein Armband oder ein kleiner Stein in der Hosentasche können dich immer wieder daran erinnern, dass das Leben im Hier und Jetzt stattfindet.

Und Beginnen kannst du mit deinen ganz banalsten Alltagsroutinen. Beginne beim Essen, beim Zähneputzen oder auf dem Weg irgendwohin. Starte mit einer Sache, die du von nun an ganz bewusst und ohne sonstige Ablenkungen oder Gedanken ausführst und erlebst. Gib deinem Leben eine Portion Achtsamkeit für den Alltag.

50 Mit allen Sinnen wahrnehmen

Eine gute Übung für mehr Achtsamkeit im Alltag und um im Leben wirklich anzukommen ist es, wenn man hin und wieder für ein paar Minuten bewusst seine eigenen Sinne aktiviert. Dabei ist es relativ egal, wo du dich bei dieser Übung befindest. Die Übung kann dir im gewöhnlichen Alltag helfen, du kannst genauso aber auch zum Beispiel bewusst in den Wald oder an einen See gehen, um eventuell ganz andere oder auch neue Eindrücke zu sammeln. Wichtig ist, dass du nacheinander bewusst einmal alle Sinne ansprichst.

Was siehst du? Beobachte einmal alles in deiner Umgebung. Was hörst du? Höre genau hin. Was riechst du? Versuche die verschiedenen Gerüche um dich herum wahrzunehmen. Was spürst du? Ertaste deine Umgebung. Und was kannst du schmecken? Nimm eine Kleinigkeit zum Essen und achte ganz genau auf den Geschmack. Stück für Stück, ganz langsam, alle Sinne. Und schon dreht sich die Erde ein Stück langsamer.

51 Ankommen

Es ist ein guter Auslöser oder auch eine gute Erinnerung daran, sich mal wieder für ein paar Sekunden auf den Moment zu fokussieren, wenn man sich in neuen Situationen oder Räumen einfindet. Du kannst es dir hierbei zur Gewohnheit machen, in diesen Situationen immer sehr langsam auf 20 zu zählen und dabei erstmal alles in der Umgebung wahrzunehmen. Dies holt dich nicht nur zurück in den Moment, sondern lässt dich auch wunderbar in der neuen Umgebung ankommen. Und zwar nicht nur körperlich, sondern auch gedanklich. Der Qualität der darauf folgenden Interaktionen wird dies sicherlich gut tun und ebenso deiner Aufmerksamkeit, die du dadurch wunderbar auf die anstehenden Minuten und Stunden bündeln kannst.

In welchen Räumen bewegst du dich? Wo kommst du in einer klassischen Woche überall herum und könntest diese Übung anwenden? Bei welchen Anlässen ist es gerade zu Beginn eher etwas ruhiger, sodass du dir ganz entspannt die 20 Sekunden nehmen kannst, um richtig anzukommen?

52 Wer, wie, was

Wenn man schlecht vorbereitet ist und viel um einen herum passiert, dann ist man oft in einem Tunnel und erlebt den Moment vielleicht intensiv, aber nicht wirklich bewusst. Man muss später erst einmal reflektieren, was überhaupt passiert ist und wird dann feststellen, dass selbst, wenn alles positiv war, man den Moment nicht wirklich genießen oder auch spüren konnte. Vorbereitung ist das halbe Leben. Wenn etwas gut werden soll, bereitet man sich in der Regel gut darauf vor.

Jetzt kann man sich nicht auf jede kommende Stunde wiederum mehrere vorangehende Stunden vorbereiten, aber das muss man auch gar nicht. Zum einen leben wir in Routinen, die sich immer wieder wiederholen. Das heißt, so abwechslungsreich, wie es manchmal scheint, ist das Leben häufig gar nicht. Und zum anderen fällt es uns hierbei natürlich auch mit der Zeit immer leichter, uns entsprechend gedanklich einzustimmen und vorzubereiten. Ein paar Minuten können schon einen großen Unterschied bewirken und dir ein viel besseres Gefühl für das Hier und Jetzt geben.

Wo wirst du dich im Laufe einer Woche befinden? Wie wird deine Umgebung aussehen? Wer wird sonst noch vor Ort sein? Wie wird die Stimmung sein? Was erwarten die anderen? Was erwartest du? Warum bist du hier? Auf was freust du dich? Bereite dich nicht nur inhaltlich, sondern auch emotional, gut vor. Häufig erleben wir gewisse Wegezeiten, bei denen wir uns entweder mit etwas berieseln lassen oder wir gedanklich schon wieder mehrere Schritte voraus sind. Diese Zeiten kannst du jedoch nutzen, um dich vorzubereiten und auch, um ein paar Gedankenspiele zu den kommenden Momenten anzustellen.

53 Der Ich-Check

Der Zug des Lebens rast unaufhaltsam dahin, die Stunden verfliegen, doch was habe ich eigentlich gestern gemacht? Wenn es dir häufig auch so geht, dann kann es eine Hilfe sein, mindestens einmal am Tag einen kleinen Ich-Check einzuschieben und für ein paar Minuten stark zu bremsen.

Wie geht es mir körperlich? Wie geht es mir mental? Wie ist meine aktuelle Stimmung? Bin ich am heutigen Tag auf dem richtigen Weg? Bin ich insgesamt auf dem richtigen Weg? Bin ich aktuell glücklich? Du beginnst damit, achtsam gegenüber dir selbst zu sein und lernst dich noch intensiver kennen. Für eine gute Balance im Leben müssen wir selbst in einer guten Balance sein. Und dazu müssen wir anfangen, auf uns zu hören.

Das Leben ist viel zu schön, um permanent auf Höchstgeschwindigkeit zu fahren. Sorge für genügend Haltestellen.

54 Ein ausgedehntes Leben

Kleine Dehnübungen können dir dabei helfen, Stress abzubauen und wirken auch entspannend oder meditativ. Sie dienen auch der körperlichen Gesundheit und können ein sinnvoller Pausenfüller sein, der den Kopf wieder frei macht. Du kannst dir daher am besten drei bis fünf kleine Übungen heraussuchen, die du dann immer wieder in deinen Alltag, zum Beispiel in deine Pausen, einbaust.

Beliebt sind Übungen, bei denen du zum Beispiel die Finger leicht nach hinten dehnst oder auch den Kopf langsam und bewusst abwechselnd auf beide Seiten dehnst oder auch legst. Dazu kannst du dir jeweils noch eine Übung für die Arme (zum Beispiel die Hand über den Kopf auf den Rücken ziehen) und für die Beine (zum Beispiel ein Bein nach hinten versetzen und mit dem anderen in die Knie gehen) auswählen, um möglichst den ganzen Körper zu aktivieren.

55 Drei Kurz-Meditationen für den Alltag

Es ist wie in der Schule oder im Haushalt. Wenn man immer wieder ein bisschen was macht, dann ist es irgendwann nicht ganz so viel auf einmal, was es zu tun gibt. Meditationen müssen nicht immer lang sein. Auch schon wenige Minuten können dich ganz schnell im Hier und Jetzt ankommen lassen. Meditationen sind daher die Achtsamkeitsübungen schlechthin.

Grundsätzlich solltest du dich bei allen der nun folgenden Kurz-Meditationen zur Ruhe begeben, dich entspannt hinsetzen, auf deine Atmung achten und dann ganz entspannt loslegen. Die erste der drei Kurz-Meditationen, die nun hier aufgeführt werden, kennst du schon etwas. Bei der „Alle Sinne"-Meditation geht es darum, alle Sinne nacheinander zu aktivieren und bewusst wahrzunehmen. Eine weitere Kurz-Meditation, die du nun eventuell noch nicht kennst, ist die „Mein Mantra"-Meditation. Wieder bereitest du dich entsprechend vor und nimmst dir dann einen positiven Satz, der dir gefällt, und wiederholst diesen für einige Minuten immer wieder. Und als drittes Beispiel für eine mögliche Kurz-Meditation gibt es dann noch die „Mein Körper“-Meditation. Diese lässt dich während der Ausführung, wie der Name es schon verrät, deinen Körper einmal achtsam betrachten und spüren. Beginne bei den Zehen und wandere dann hinauf bis zu den Haaren und lenke deine Aufmerksamkeit ganz bewusst auf jede einzelne Körperstelle.

Meditationen können dir dabei helfen, das Leben im Hier und Jetzt achtsam zu gestalten und sorgen auch für klare Gedanken. Und wenn du regelmäßig dranbleibst, kommst du auch nicht aus der Übung, sondern kannst schon mit wenigen Minuten tolle Erfolge erzielen.

56 Dich selbst spüren

Wir hören auf andere Menschen, reagieren auf unsere Umwelt und nehmen permanent unzählige Reize wahr. Viel zu selten hören wir jedoch auf uns selbst, auf unsere Emotionen, Gefühle und auch auf unsere körperlichen Signale. Wir beobachten Reaktionen von anderen Personen aus unserem Freundeskreis oder auch von bekannten Persönlichkeiten aus den Medien ganz genau, doch beobachten wir auch unsere Reaktionen? Diese sind eigentlich viel interessanter und wichtiger für uns, häufig jedoch auch unangenehmer, weil wir uns, wenn wir sie bewusst wahrnehmen, uns mit uns selbst beschäftigen würden, mit unseren Gefühlen und Ansichten. Und oftmals auch mit unbequemen Wahrheiten. Häufig wissen wir genau, wie es uns geht, was eigentlich richtig wäre und was wir eigentlich wollen. Wir unterdrücken das aber, weil es manchmal einfacher ist, den Weg zu gehen, den jeder erwartet. Doch macht uns das auch glücklich?

Lerne auf dich selbst zu hören. Es bringt nichts, sich vor sich selbst zu verstecken. Wie habe ich wirklich reagiert? Wie habe ich mich dabei gefühlt? Was möchte ich? Was brauche ich?

57 Achtsame Ankerpunkte

Es braucht nicht immer eine große Anzahl von etwas, häufig reichen auch ein oder zwei kleine Veränderungen, die dann den Unterschied ausmachen. Konstanz schlägt Dauer und Masse. Und am Einfachsten ist es, wenn du bestehende Anker nutzt, und dich mit neuen Gewohnheiten an sie dranhängst.

Entscheide dich zum Beispiel für zwei Achtsamkeitsübungen aus diesem Kapitel, die du täglich immer zur selben Zeit ausführen wirst bzw. die du mit anderen täglichen Routinen verbinden wirst. Zum Beispiel immer direkt nach dem Aufstehen oder nachdem du dich ins Bett gelegt hast, vor dem Essen, vor dem Aussteigen aus dem Auto, vor oder nach dem Zähneputzen, am Ende deiner Mittagspause oder nach dem Vorbereiten des nächsten Tages. Viele dieser täglichen Routinen hast du bereits erfolgreich in dein Leben integriert. Nun kannst du das nutzen, um ein paar weitere Impulse hinzuzufügen.

06

Ich bin mein Zuhause

– Entspannung und Reflexion

58 Ein netter Abend mit dir selbst

Glücklich sein beginnt bei dir. Du musst dich mit dir auseinandersetzen und Zeit mit dir verbringen. Und zwar nur mit dir. Es ist dein Leben. Nur so kommst du in Einklang mit dir selbst. Du musst mit dir selbst klarkommen und dich selbst lieben. Und das funktioniert nur, wenn du auch Zeit mit dir verbringst, dich kennenlernst und dich nicht vor dir selber versteckst.

Zeit mit dir heißt Zeit mit dir. Wenn man im Internet ist, ist man nicht alleine. Es geht nicht darum, nur ohne andere Personen zu sein. Es geht darum, nur mit deinen Gedanken allein zu sein. Verbringe die Zeit nur mit deinen eigenen Gedanken. Wenn viele Leute durcheinander reden versteht man nicht viel. Wenn alles ruhig ist und nur einer spricht, versteht man diesen ganz klar. Und wenn man sich dann genügend Zeit zum Zuhören einräumt, hört man nicht nur alles, sondern versteht es auch. Mindestens ein Abend oder auch ein Morgen in der Woche sollte nur dir und deinen Gedanken gehören. Du bist die Basis bei der alles beginnt. Du bist das Fundament. Triff dich mit dir selbst.

59 Mach dich frei von digitalem Lärm

Die Digitalisierung ist ein wichtiger Baustein in der Entwicklung der Menschheit. Sie macht vieles besser. Ihre Vorteile sind überwältigend. Doch genau wie bei früheren Neuerungen, wie zum Beispiel nach der Erfindung des Autos, ist es wichtig, den richtigen Umgang damit zu lernen. Das Auto bringt uns schnell zu entfernten Freunden und bietet durch den schnellen und individuellen Transport viele Möglichkeiten. Genauso wie das Mobiltelefon es uns erlaubt, vorher zu klären, ob der entsprechende Freund auch Zuhause ist. Denn es wäre unsinnig, am Tag 40 Mal bei unserem Freund vorbeizufahren, um zu schauen, ob er auch Zuhause ist, auch wenn es grundsätzlich technisch möglich wäre. Und genauso ist es unsinnig, am Tag 40 Mal das Mobiltelefon auf neue Nachrichten zu überprüfen, auch wenn es technisch möglich ist. Die richtige Anwendung ist wichtig. Ansonsten ist nicht mehr klar, ob die Vorteile der Neuerung tatsächlich noch überwiegen.

Mach dich regelmäßig frei von digitalem Lärm und lass dich nicht in eine Welt hineinziehen, die nicht der Realität entspricht. Der digitale Lärm kann einen erdrücken und die eigenen Gedanken permanent übertönen und klein halten. Und es ist nicht gut, wenn man sich selbst nicht mehr hört. Nur du bist deine Realität. Ein gesunder Umgang mit den digitalen Möglichkeiten kann einen großen Einfluss auf dich haben, da der Zeitanteil hierfür bei vielen Menschen sehr groß ist und dementsprechend einen großen Einfluss auf den Tag hat. Am einfachsten ist es natürlich, den Zeitanteil von digitalem Lärm an sich zu reduzieren und vor allem die permanenten Nachrichtenmeldungen auszustellen. Erlaube dir selbst längere Phasen der Ruhe und intensiviere dadurch die Zeit im Hier und Jetzt.

60 Im Ruhemodus

Glücklicherweise ist das Leben oftmals bunt und abwechslungsreich. Aber wir müssen die Farben, die wir sehen, auch verarbeiten. Gib deinen Gedanken Zeit, sich zu setzen. Gib dir selbst Raum und Zeit, deine Erlebnisse und Eindrücke zu verarbeiten.

Minuten oder auch Stunden der kompletten Stille sind wichtig, um immer nah bei sich selbst zu sein und erlebte Momente nachhaltig zu verarbeiten. Auch Entspannungsmusik oder klassische Musik kann hierbei helfen. Wenn man unterwegs ist, kann es einem dabei helfen, zur Ruhe zu kommen, wenn man für ein paar Minuten alles genau beobachtet. Oder man lässt seinen Blick ins Weite schweifen. Die Ferne beruhigt. Des Weiteren kann man die lauten Gedanken beruhigen, indem man sie aufschreibt. Schreibe fünf Minuten alles auf, was dir in den Sinn kommt. Du gestehst dir dabei deine waren Gedanken ein und lernst zu formulieren, was du wirklich fühlst. Und durch die schriftliche Form bekommen deine Gedanken viel mehr Gewicht. Wie kommst du zur Ruhe? Wie behandelst du deine Gedanken?

61 Ein Spaziergang ins Glück

Hunde müssen täglich mehrmals raus. Und Menschen? Die vielleicht auch. Aber aus anderen Gründen.

Ein Spaziergang verbindet gleich mehrere schöne Faktoren auf dem Weg ins Glück. Man kommt raus. Eine neue Umgebung hilft dir dabei, Dinge wieder klarer zu sehen. Man bewegt sich. Und zwar nicht so, dass man sich vollständig konzentrieren muss, aber so, dass man doch ein leichtes Aktivitätsniveau erreicht. Perfekt zum Nachdenken und die Gedanken schweifen zu lassen. Man ist weniger verleitet, digitale Medien zu konsumieren und richtet den Blick auf die tatsächliche bzw. die reale Welt. Und wenn man nicht gerade in der Innenstadt spazieren geht, sondern einen kleinen Abstecher ins Grüne macht, dann kann man nicht nur die beruhigende Wirkung der Farbe Grün auf sich wirken lassen, sondern entkommt auch dem Lärm des Alltags. Und vielleicht kommt man auch in den Kontakt mit ein paar friedlichen Tieren.

Ein Spaziergang hört sich erstmal harmlos an, bringt aber ein unglaubliches Potential mit sich. Und wer einmal auf den Geschmack gekommen ist, hört meistens nicht so schnell wieder damit auf. Es braucht nicht immer die großen Veränderungen. Das Leben ist so kompliziert wie auch simpel. Der Erfolg vieler Maßnahmen liegt häufig in deren Einfachheit. Schwierige Sachen setzen sich selten durch, einfache hingegen schon.

Wenn du nicht sowieso schon regelmäßig eine Runde läufst, dann probiere es gerne einmal aus. Suche nach schönen Strecken, am besten direkt ab der Haustür. Denn je niedriger die Hürden sind, um mit etwas zu starten, umso besser. Nicht lange nachdenken, Schuhe an und los geht es. Raus mit dir. Besonders auch ein Abend- oder Nachtspaziergang kann wahre Wunder bewirken. Der Erde begegnen, wenn sie zur Ruhe gekommen ist.

62 Eine intensive Reise zu dir selbst

Wer bei den Kurz-Meditationen auf den Geschmack gekommen ist, kann natürlich Meditationen auch für längere und intensivere Reisen zu sich selbst nutzen. Meditationen lassen dich im Hier und Jetzt ankommen und helfen dir dabei, Klarheit für dich und dein Leben zu finden. Der Grundstein für ein glückliches Leben ist zu wissen, was man will. Seine Entscheidungen zu verstehen und zu akzeptieren und daran zu glauben, dass man die Dinge selbst in der Hand hat. Längere Meditationen unterstützen dich dabei. Sie bedeuten nicht nur Ruhe für Körper und Geist sondern können auch Grübeleien stoppen.

Auch bei den längeren Meditationen gibt es verschiedene Formen. Bei der dynamischen Meditation geht es zum Beispiel darum, sich zuerst auf seine Atmung zu konzentrieren, dann alle Emotionen lautstark herauszulassen, dann zu hüpfen, dann in eine stille Phase, in der man in sich verharrt, einzutreten, dann zu tanzen und dann sich abschließend frei zu bewegen. Bei der Metta-Meditation geht es dahingegen deutlich ruhiger zu. Man nennt diese Meditationsform auch die Meditation der liebenden Güte und führt sie aus, indem man die Augen schließt und dann nach und nach sich selbst und auch alle anderen Personen mit positiven Sätzen bedenkt und generell Liebe verschenkt. Ähnlich ruhig geht es beim Zazen zu. Bei dieser Meditationsform setzt man sich mit offenen oder halb geschlossenen Augen gemütlich hin und fängt an, sowohl Geist als auch Körper zu beobachten, ohne jedoch auf die Beobachtungen zu reagieren.

Egal für welche Meditationsform du dich entscheidest, längere Meditationen bringen dich dir selbst näher und können so ein gewichtiges Puzzleteil in deinem glücklichen Leben sein.

63 Verborgene Welten

In der langen Liste der Entspannungstechniken darf eine Sache nicht fehlen: das Lesen von Romanen. Ja, es kostet etwas mehr Überwindung als das Mobiltelefon in die Hand zu nehmen oder ähnliche Methoden zu aktivieren, die dazu dienen, um sich schnell vom Leben abzulenken. Aber im Vergleich dazu hinterlässt das Lesen viel mehr eine Fülle als eine Leere. Romane zu lesen hilft dabei, Stress abzubauen und man stärkt dabei auch ganz automatisch seine Empathie. Man kann in die Gedanken von anderen eintauchen und erlebt ihre Geschichten aus erster Hand. Und man bekommt auch neue Sichtweisen oder Gedanken von anderen Menschentypen mit anderen Hintergründen.

Wenn du nicht sowieso schon eine Leseratte bist dann probiere es einfach mal aus. Es kann deine Lebensqualität deutlich steigern. Starte am besten mit Büchern, die sich gut lesen lassen. Die aktuellen Bestseller sind meistens eine gute Richtschnur. In fast jeder Stadt gibt es sehr günstige oder kostenlose Büchereien. Man kann sich also relativ risikolos an verschiedenen Genres ausprobieren. Hier und da ein Buch griffbereit zu haben macht es dir leichter. Oder auch der Vorsatz, jeden Tag eine Seite zu lesen. Und vielleicht werden es ja ein paar Seiten mehr.

64 Der Yogameister

Die Vereinigung von Körper und Geist. Auch Yoga kann dir dabei helfen, noch glücklicher zu werden. Yoga ist nicht nur Training für die Muskeln und Bänder, sondern lehrt dich auch Achtsamkeit gegenüber deinem Körper. Dazu wirken sich die Übungen stressmindernd aus. Es gibt eine ganze Reihe von guten Übungen für Anfänger, die sich schnell erlernen und sich gut in eine 10 bis 15 minütige Yogasitzung integrieren lassen.

Dazu gehören neben den Klassikern, wie der herab- oder nach oben schauende Hund, der Sonnengruß oder der Krieger auch weitere Einsteigerübungen wie der Baum oder der Stuhl. Alles nicht einfach, aber gut zu erlernen. Auch hier gilt: einfach mal ausprobieren und den Körper so richtig spüren. Vielleicht ist es ja genau das, was dir nicht nur körperlich Stabilität verleihen wird. Im Internet gibt es glücklicherweise völlig kostenlos Anleitungen für unzählige Yogapositionen, sodass du jederzeit loslegen kannst. Noch ist kein Yogameister vom Himmel gefallen, aber der ein oder andere hat schon sehr schnell eine neue Leidenschaft entdeckt.

65 Fellpflege

Körperpflege bedeutet Wertschätzung dir selbst und deinem Körper gegenüber. Sie ist ein wichtiger Schritt zur bedingungslosen Selbstliebe. Wie bei der Fellpflege bei Tieren ist es auch für die Menschen wichtig, nach sich selbst zu sehen und auf den Körper zu achten. Lebe Wellness und alles was deinem Körper gut tut und verbringe ausgiebig Zeit mit deiner Körperpflege. Das wirkt sich nicht nur auf dein Aussehen und deine Gesundheit aus, sondern unterstützt auch dein seelisches Wohlbefinden. Du kommst mit deinem Körper in Berührung und hast Zeit zum Entspannen und Nachdenken. Und das in der Regel ohne die klassischen Ablenkungen. Du lernst dich selbst besser kennen und auf dich Acht zu geben.

Dein Körper sorgt dafür, dass du Leben kannst. Wenn du eine Sauna, einen Ruheraum oder eine Massage aufsuchst gibst du ihm die Wertschätzung, die er auch verdient. Wichtig ist deine persönliche Pflegeroutine. Was braucht dein Körper? Wie viel Zeit? Wie sorgst du für dein strahlendes und glänzendes Fell?

66 Von oben

Gefangen im eigenen Leben. Manchmal ist man in etwas so tief drin, dass man weder klar denken noch klar sehen kann. Doch es gibt eine Möglichkeit, dem zu entkommen.

Stell dir vor, du bist ein Adler. Du startest vom Boden aus und schwingst dich mit kräftigen Flügelschlägen immer weiter nach oben. Kreis um Kreis. Und dann beginnst du ruhig zu gleiten. Du senkst den Kopf und schaust entspannt auf dich und dein Leben herab. Was siehst du?

Die Adlerperspektive reduziert die persönliche Betroffenheit und sorgt für eine weniger emotionale Sicht. Darüber hinaus weitet sie den Blick und du siehst automatisch mehr Lösungsmöglichkeiten. Es wird vieles relativiert und das Geschehen wird in einen größeren Kontext eingeordnet.

Bist du schon einmal geflogen? Wie sieht dein Leben von oben aus?

67 Wie ich auf mich selbst aufpassen werde

Bei den allermeisten Maschinen benutzen wir, zumindest zu Beginn einer Anwendung, Bedienungsanleitungen. Und zwar weil wir wissen, dass eine falsche Anwendung nicht nur keinen Erfolg verspricht, sondern auch die Maschine kaputt machen kann. Doch bei der allerwichtigsten Maschine, nämlich uns selbst, haben wir zur Anwendung meistens nicht einmal grobe Stichpunkte notiert. Und das obwohl es bei uns Menschen ähnlich verläuft. Jeder Mensch ist anders, hat andere Bedürfnisse und benötigt andere Dinge zum Überleben und um glücklich zu sein.

Schreibe deine eigene Bedienungsanleitung. Was brauchst du, damit es dir gut geht? Was benötigst du, um möglichst lange und glücklich zu leben? Woran gehst du kaputt? Wie solltest du dich selbst auf keinen Fall verwenden? Nimmt man eine Papierschere und schneidet mit ihr Metall, geht sie schnell kaputt und wird stumpf. Schneidet man mit ihr jedoch Papier, funktioniert sie jahrzehntelang wunderbar. Es liegt nicht an der Schere, sondern an der Anwendung. Welche Anwendung benötigst du?

68 Rollenchaos

Ein guter Einstieg in die persönliche Reflektion ist immer das Auseinandersetzen mit den eigenen Rollen, die man im Leben einnimmt. Das zeigt dir entweder, dass irgendetwas nicht passt, oder gibt dir die vielleicht verloren geglaubte Selbstsicherheit zurück, sofern du dich in deinen Rollen bestätigt siehst. Meistens nehmen unsere Rollen einen großen Platz in unserem Leben ein und haben demnach einen großen Einfluss auf unser Wohlbefinden. Dazu sind unsere Rollen in der Regel aber auch einfach zu analysieren, weil man sich durch das häufige Erleben gut mit ihnen auskennt. Meistens spürt man relativ schnell, wenn man ehrlich zu sich selbst ist, ob man für eine Sache noch brennt oder eine Rolle halt nur noch irgendwie aufrechterhält. Wichtig ist, sich nicht von einer bestimmten Phase täuschen zu lassen. Nur weil etwas zum Beispiel gerade schlecht läuft, muss man nicht gleich alle Zelte abbrechen. Wenn eine schlechte Phase sich aber immer wieder wiederholt oder gar Monate oder Jahre andauert, dann kann man eine Rolle schon einmal kritisch überprüfen und möglicherweise auch anpassen.

Passen deine Rollen noch? Oder vielleicht auch nur noch teilweise? Behindern sich die Rollen ge-

genseitig, weil sie unterschiedliche Ziele verfolgen oder weil jede einzelne Rolle zu viel Zeit für sich in Anspruch nimmt? Wenn ja, wie wirst oder kannst du diese Rollenkonflikte zukünftig auflösen? Oder passt alles und du kannst gestärkt nach vorne schauen und weiter deine Rollen ausleben? Bringe regelmäßig Klarheit in deine Rollen.

69 Neue Luft zum Atmen

Manchmal sieht man den Wald vor lauter Bäumen nicht. Wenn ein Spaziergang oder ein Adlerflug nicht mehr ausreicht, dann wird es Zeit für eine Luftveränderung. Das Aufsuchen von einem etwas weiter entfernten Ort gibt dir die nötige professionelle Distanz zurück und löscht vorhandene Denkmuster. Man bekommt wieder eine gewisse Selbstsicherheit und kann, nicht nur gedanklich, von außen auf das eigene Leben blicken.

Schöne, aber auch ruhige Landschaften, wie zum Beispiel die Berge, Seen, das Meer, der Wald oder weite Felder eignen sich perfekt für eine Luftveränderung. Und wahrscheinlich waren die Voraussetzungen für eine Ausfahrt nie besser. Nie war es günstiger und einfacher, auch mal 20, 30 oder auch mehr Kilometer zwischen sich und die aktuelle Situation zu bringen. Ob mit dem Auto oder auch mit dem Zug, es gibt viele gute Möglichkeiten an einen Ort zu kommen, an dem einen niemand kennt und an dem man entspannt seinen Gedanken folgen kann. Eine kleine Luftveränderung hat noch fast immer Gutes bewirkt.

70 Mein Platz

Man kann nicht täglich eine Ausfahrt an einen etwas weiter entfernten Ort machen. Und doch ist es wichtig, regelmäßig zur Ruhe zu kommen und seinen Gedanken zu lauschen. Dafür benötigt es einen schnell erreichbaren Platz, der dir die nötige Ruhe und gleichzeitig eine gewisse Distanz bietet. Manche haben diesen Platz Zuhause, manche müssen dafür vor die Tür gehen. Ein Platz im eigenen Garten kann dir genauso dienen wie eine Parkbank oder eine Bank im Wald. Wichtig ist, dass du immer weißt, wo du hingehen kannst. Während ein wenig Abstand und Ruhe immer mal wieder gut tut, so brauchen wir dies besonders, wenn es kompliziert ist und wir vielleicht auch emotional etwas angeschlagen sind. Das heißt für dich, dass du deinen Platz auch ohne großes Nachdenken aufsuchen können solltest und die Hürden dorthin zu kommen, sollten so gering wie möglich sein.

Wo kannst du dich schnell und unkompliziert vom aktuellen Geschehen ausklinken, um einen klaren und selbstsicheren Kopf zu bekommen? Wo ist dein Platz, der dafür sorgt, dass du immer sehr nah bei dir selbst bleiben kannst?

71 Zuhause ist es doch am schönsten

Doch sorgst du auch dafür, dass es bei dir wirklich schön ist? Ein aufgeräumtes und glückliches Leben beginnt bei einem aufgeräumten Zuhause. Du hast nicht immer alles selbst in der Hand, aber daheim schon. Es ist deine Wohnung. Mach sie dir so schön es geht. Du siehst sie morgens als erstes und abends als letztes. In der Regel verbringst du einen Großteil deiner Zeit Zuhause. Deine Wohnung kann einen großen Einfluss auf dein glückliches Leben haben. Hier beginnen alle deine Aktivitäten. Deine Wohnung gibt die Richtung vor.

Der Broken-Window-Effekt besagt, dass wenn bei einem Haus ein Fenster eingeschmissen ist und nicht repariert wird, dass dann schnell auch alle weiteren Fenster eingeschmissen werden. Das sollte dir in deinem Zuhause nicht passieren.

Welche Bilder geben dir ein wirklich gutes Gefühl? Welche Farben gefallen dir? Welche Stimmung willst du erzeugen? Die Farbe Grün hat zum Beispiel eine beruhigende Wirkung, Gelb erzeugt eine positive Stimmung. Was könntest du in der Wohnung noch optimieren oder reparieren? Welche Möbel fehlen dir noch? Welches Eck in deiner

Wohnung stört dich schon lange? Hast du den Dingen in deiner Wohnung einen festen Platz zugewiesen? Mach dir dein Zuhause schön.

Die Erde steht nicht still. Sie bewegt sich immer in eine Richtung. Du entscheidest in welche. Und es beginnt bei dir Zuhause.

07

Mehr Power

– Eine Portion Lebensenergie

72 Die Energiespeicher aufladen

Kleine Kinder schreien, wenn sie hungrig sind. Erwachsene werden oftmals unproduktiv und schlecht gelaunt. Denn Nahrung ist wichtig. Nahrung gibt uns wichtige Energie für den Tag. Wenn man permanent hungrig ist oder sich unausgewogen ernährt ist es schwer, glücklich und zufrieden zu sein. Leider wird bei der Ernährung häufig der Fokus auf die vielen negativen Seiten oder auf den Verzicht gelegt, wodurch viele Menschen Ernährung mit etwas Negativem verbinden. Und das obwohl das Essen durch eine aktive und bewusste Ernährung eigentlich zu einer sehr schönen Sache werden kann und Ernährung eigentlich etwas Tolles mit unbegrenzten Möglichkeiten ist. Um voller Tatendrang und glücklich durch das Leben gehen zu können, brauchen wir Energie. Und die steckt auch im Essen.

Gerade morgens wird das häufig vernachlässigt, wobei da eigentlich bei vielen die produktivste Zeit ist. Doch viele nehmen das Frühstück nicht ernst und starten hungrig in diese wertvolle Phase des Tages. Doch der Morgen gibt den Takt für den restlichen Tag vor, weshalb das Frühstück eigentlich von zentraler Bedeutung ist.

Wer sich grundsätzlich schon gut mit Energie versorgt, aber auch noch ein bisschen auf die Qualität achten möchte, dem sei gesagt, dass gesunde Ernährung beim Einkaufen beginnt. Beim Essen geht es oft um kurzfristige Impulse. Du kannst jedoch nur das Essen, was du Zuhause hast. Achte darauf, was du einkaufst, denn das landet auch auf dem Teller. Im Negativen, aber auch im Positiven. Und natürlich kann man auch ein wenig tricksen. Hat man Lust auf Schokolade, kann man zum Beispiel zuerst einen Apfel essen (den man dafür natürlich Zuhause haben sollte). Denn oftmals dämpft der darin enthaltene Zucker schon das weitere Verlangen nach Süßigkeiten.

Essen versorgt dich mit lebenswichtiger Energie. Nimm dieses Thema ernst und sorge dafür, dass deine Energiespeicher sowohl quantitativ als auch qualitativ gut gefüllt sind.

73 Wasser bedeutet Leben

Es kann manchmal so einfach sein. Ob wir genügend Wasser trinken oder nicht, kann unser Wohlbefinden, unsere Leistungsfähigkeit oder Energie und auch unsere Gesundheit entscheidend beeinflussen. Achte daher immer darauf, dass du genügend trinkst. Es ist ja meistens auch nicht so, dass viele Menschen gar nichts trinken. Sondern vielleicht einfach nur einen Liter Wasser, obwohl zwei Liter für sie besser wären. Oder auch nur ganz unregelmäßig über den Tag verteilt. Das bedeutet mit wirklich geringsten Steigerungen oder geringstem Veränderungsaufwand, kann man die Lebensqualität deutlich steigern und auch noch etwas für seine eigene Gesundheit tun.

Helfen können dir dabei kleine Trinkroutinen. Wie zum Beispiel, dass du immer direkt nach dem Aufstehen oder immer in den Pausen etwas trinkst. Oder auch kleine Erinnerungszettel am Arbeitsplatz. Und auch beim Trinken gilt: Gelegenheit macht gute Trinker. Wer immer etwas Wasser griffbereit hat, wird auch häufiger zuschlagen.

74 Schlaf dich glücklich

Nach müde kommt blöd. Genügend Schlaf hat Auswirkungen auf deinen kompletten Tag. Er hält dich nicht nur gesund, sondern sorgt auch für ein höheres Wohlbefinden. Richtig ausgeschlafen sind wir in der Regel automatisch besser gelaunt, weil es uns einfach besser geht. Und eine Investition in den Schlaf, wie zum Beispiel in eine gute Matratze, die zu dir passt, lohnt sich auch wirklich. Denn mit kaum einer anderen Sache als mit Schlafen verbringen wir mehr Zeit. Und das Tag für Tag.

Wenn du nicht genug Schlaf bekommst oder nicht gut schlafen kannst, dann kümmere dich darum. Ein geregelter Schlafrhythmus kann dir genauso helfen wie ein aufgeräumtes Zimmer, das schön dunkel ist. Auch ist es natürlich besser, im Bett ein Buch zu lesen, als aufwühlende oder belanglose Nachrichten, die du dann mit in deine Träume nimmst. Dann doch lieber eine schöne Geschichte. Oder du schreibst ein paar Zeilen über dich selbst und beginnst schon im wachen Zustand, mit der Archivierung deiner Gedanken. Schläfst du genug? Und auch gut?

75 Das Leben ist ein Tanz

Tanzen macht glücklich. Sport macht glücklich. Bewegung an sich macht glücklich. All das ist gut für Körper und Geist. Beim Sport bringst du dich auf andere Gedanken, da du beim Sport häufig automatisch dazu gezwungen wirst, dich nur auf den Sport zu konzentrieren. Du lebst den Moment und hängst nicht bei dem fest, was davor passiert ist oder bei anderen Sachen, die an diesem Tag noch kommen werden. Du lernst, dich über einen längeren Zeitraum zu konzentrieren. Eine immer seltener werdende Gabe. Und du lernst sowohl das Gewinnen, als auch das Verlieren. Und erkennst dabei, dass beides zum Leben dazugehört.

Machst du Sport? Bewegst du dich? Gibt es von den unzähligen Sportangeboten auch nur eine einzige, die dir Spaß macht?

Beim Sport kommt man auch mit vielen anderen Menschen ganz einfach in Kontakt, weil man direkt einen gemeinsamen Bezugspunkt bzw. gemeinsame Gesprächsthemen hat. Und auch der Aufbau von Freundschaften kann hier relativ leicht erfolgen, weil man sich regelmäßig trifft und schon mal den gleichen Sport mag.

Doch es geht auch noch einfacher, als in einer Gruppe Sport zu machen. Einfache Bewegungen reichen bereits zur Freisetzung von Glücksgefühlen. Es kann ein kleiner Tanz sein oder es hilft auch schon, ein klein wenig zu hüpfen. Wer keinen konkreten Sport machen will, kann auch einfach mal durch sein Leben hüpfen. Gewagte These, aber vielleicht wahr: Man kann nicht schlecht gelaunt sein, wenn man draußen durch die Straßen hüpft. Zumindest der Versuch könnte sich lohnen.

76 Die 100 %-Pause

Manchmal fällt es einem nicht leicht, sich einzugestehen, dass man krank ist, und eine 100 %-Pause benötigt. Doch irgendwann erwischt es jeden mal und dann ist es wichtig, keinen falschen Ehrgeiz zu zeigen. Je mehr man sich auf eine Sache konzentriert, desto besser und schneller ist man darin. Und für viele größere oder kleinere Wehwehchen gilt dasselbe. Es bringt zum Beispiel nichts, eine Erkältung wochenlang mit sich herum zu ziehen. Manchmal braucht man eine 100 %-Pause und sollte sich auch komplett rausnehmen. Ansonsten leidet das Wohlbefinden. Und zwar dauerhaft. Alles was man tut ist mindestens ein klein wenig schlechter oder schwerer. Bettruhe ist auch nicht nur eine Pause für den Körper, sondern auch für den Kopf. Man kann auch die Gedanken ein wenig herunterfahren.

Ohne unseren Körper können wir nicht überleben. Und wenn dieser uns dann um unsere Hilfe bittet, weil etwas nicht stimmt und er Ruhe benötigt, um diese Sachen zu heilen, dann ist es nicht nur schön sondern auch sinnvoll, wenn wir dieser Bitte nachkommen. Und zwar in erster Linie für uns selbst.

Versuche auf dich selbst zu hören. Dein Körper kommuniziert in der Regel ganz gut mit dir. Und häufig weißt du ganz genau, was das Richtige für dich ist. Auch wenn das Eingeständnis und der darauf folgende Verzicht nicht immer einfach sind.

77 Vom Spielen und Gewinnen

Gewinnen macht Spaß. Gewinnen setzt Glücksgefühle frei. Wenn man gewinnt, bekommt man Energie, die auch in andere Lebensbereiche hineinstrahlt. Auf dem Weg zu einem Sieg, in welchem Spiel auch immer, kannst du aber noch viel mehr Dinge lernen, die auch für dein restliches Leben von Bedeutung sind. Du lernst, dich auf etwas zu fokussieren und lebst im Moment. Nicht Multitasking, sondern Singletasking. Du lernst strategisch zu denken, versuchst ein Spiel zu lesen und machst dir Pläne. Und du lernst, wie man sich Herausforderungen stellt und Ziele erreicht. Alles nicht unerheblich für ein glückliches Leben. Denn auch wenn Gewinnen nicht alles ist, dass du hin und wieder Dinge auch erreichst, die du dir vorgenommen hast, trägt schon auch zu einem zufriedenen Leben bei.

Doch wer gewinnen will muss erstmal auch spielen. Bist du ein Spieler? Kannst du dich auf Spiele einlassen? Findest du dich in neuen Spielen schnell zurecht? Misst du dich gerne mit anderen?

In einem glücklichen Leben geht es auch darum, sich hier und da Herausforderungen zu stellen und an einem gewissen Punkt eine gute Leistung zu erbringen. In alltäglichen Spielen kannst du das gut trainieren. Welche Spiele gefallen dir? Was hast du früher, eventuell als Kind, gerne gespielt? Spielen kann nicht nur Spaß machen, sondern stärkt auch deine Kreativität und Lösungsfindung. Und trägt so auch ganz nebenbei zu deinem positiven Denken bei.

78 Musik war meine erste Liebe

Du bist auf einem Konzert oder einer Party, die Musik ist gut, aber auch nicht mehr. Dann wird dein Lieblingslied gespielt. Oder euer Lieblingslied, ein Lied, das dir und deinen Freunden, die auch dabei sind, besonders gefällt. Es wird nun sehr unwahrscheinlich sein, dass du oder auch ihr alle normal sitzen oder stehen bleibt und euch einfach weiter unterhaltet. Unsere Lieblingsmusik kann uns ganz schnell mit sehr viel Energie versorgen und unsere Stimmung deutlich anheben. Und da vielerlei Musik sogar kostenlos zur Verfügung steht, ist das mit eine der besten Methoden, seine Stimmung zumindest kurzfristig positiv zu beeinflussen und den generierten Schwung dann mitzunehmen. Gerade die persönliche Lieblingsmusik ist sehr gut dazu in der Lage, positive Emotionen auszulösen. Welche ist deine Lieblingsmusik? Hast du sie immer griffbereit?

Und besonders schön und auch nochmal emotionaler ist es dann natürlich, wenn jemand auch selbst Musik macht. Spielst du ein Instrument? Was würdest du gerne spielen? Besteht hierzu irgendwie die Möglichkeit? Gibt es ein Instrument, das du spielen könntest?

79 Die Bilder, die du siehst, sind die Bilder, in deinem Kopf

Deine Gedanken nehmen erstmal alles, was du siehst, ungefiltert auf. Und aus deinen Gedanken werden dann deine Glaubenssätze, nach denen du deine Entscheidungen ausrichtest. Und aus deinen Entscheidungen wiederum entstehen Handlungen, die dir wieder neue Eindrücke und neue Bilder für deine Gedanken erschaffen. Der Kreislauf deines Lebens.

Das bedeutet aber auch, dass das was wir jeden Tag sehen, einen großen Einfluss auf unser Leben und damit auch auf unser Glücksempfinden hat. Achte daher darauf, was du täglich zu sehen bekommst und nutze dieses Wissen, um dein Leben in eine glückliche Richtung zu lenken. Auch wenn es manchmal banal erscheint, aber Bilder oder auch Zitate und Sprüche, die wir bewusst, zum Beispiel in unserer Wohnung, platzieren, können uns nachhaltig beeinflussen. Umgib dich mit Bildern, die dir Energie geben und die deinem gewünschten Charakter entsprechen. Und entferne die Bilder, die dir nichts sagen oder dich sogar negativ beeinflussen.

Wenn man sich eine gelbe Hose wünscht und dann Zeit damit verbringt, nach dieser zu suchen, aber erstmal keine findet, dann ist die Wahrscheinlichkeit sehr groß, dass man die folgenden Tage viele Menschen mit gelben Hosen sieht. Und je mehr man sieht, umso mehr richtet man den Fokus auf diese gelben Hosen, worauf man noch mehr davon sieht. Wenn man sich nun trauen würde, die Personen mit gelben Hosen anzusprechen, könnte man herausfinden, wo es diese zu kaufen gibt und würde so an sein Ziel gelangen. Man würde durch die Macht der Gedanken zu einem gelben Hosenträger werden,

Was ist deine gelbe Hose? Was willst du erreichen? Wie willst du sein? Woran willst du häufiger denken, weil es wichtig für dich ist?

80 Zeige dein Lächeln

Dein Körper kommuniziert mit deinen Gedanken und umgekehrt. Ein glücklicher Mensch geht in der Regel nicht in sich zusammengesunken die Straße entlang. Umgekehrt, wenn ein Sportler einen Punkt macht oder ein Tor erzielt, reißt er ganz oft instinktiv die Arme nach oben. Es gibt eine Verbindung zwischen Körper und Geist. Und diese Verbindung kannst du nutzen.

Ein Lächeln verbindet unser Körper mit Glück. Und er teilt das dann auch unseren Gedanken mit. Egal wie es uns aktuell geht, wenn wir ein paar Minuten lächeln, auch wenn wir es gar nicht müssen, so steigert dies unser Wohlbefinden. Und auch über die Körperhaltung können wir unsere Stimmung beeinflussen. Brust raus, Kopf nach oben, Blick nach vorne. Und immer mal wieder die Arme zu einer Siegerpose nach oben reißen.

Wie gehst du? Wie bewegst du dich? Wie präsentierst du dich? Welche Geschichte erzählt deine Körperhaltung? Auch deine Körperhaltung ist Gewöhnungssache. Warum sich nicht etwas Positives angewöhnen?

81 Urlaub ist Urlaub

Der Urlaub nimmt eine wichtige Rolle in unserem Energiemanagement ein. Nutze den Urlaub, den du hast, auch wirklich nur für dich. Viele Menschen arbeiten das ganze Jahr über und beantworten dann sogar auch noch in den zwei Wochen Sommerurlaub ein paar E-Mails. Doch es ist fraglich, ob dies wirklich den Unterschied ausmacht. Einen Einfluss auf dich und dein Glück hat es aber definitiv. Wie willst du wirklich Energie tanken, wenn du dir nicht mal, selbst hunderte Kilometer von Zuhause entfernt, eine Pause genehmigst? Natürlich gibt es immer auch Situationen, wo man auch im Urlaub etwas tun muss und wo dies einen dann eventuell langfristig weiterbringt. Die Regel sollte dies aber nicht sein.

Urlaub ist für die Zukunft da und nicht um die Vergangenheit gerade so zu verarbeiten, oder um auf mittlerer Stufe weiterzuarbeiten. Es geht darum, nach vorne zu blicken und das eigene Leben zu betrachten. Weil, wenn du dies selbst im Urlaub nicht schaffst, dann schaffst du es das Jahr über erst recht nicht. Jede E-Mail und jeder neue bzw. alte Gedanke holt dich wieder in den Alltag zurück und dein Kopf beginnt direkt damit, Lösungen für mögliche Probleme zu finden.

Versuche daher, den Urlaub wirklich für dich zu nutzen. Schränke deine Erreichbarkeit ein. Versuche, wichtige Dinge noch frühzeitig abzuschließen und starte keine neuen Projekte mehr, die du dann eventuell, zumindest gedanklich, mit in den Urlaub nimmst. Urlaub ist Urlaub. Es ist nicht immer einfach, aber es ist wichtig zu lernen, den Moment zu leben. Mit den Gedanken auch an dem Ort zu sein, an dem man gerade ist. Besonders im Urlaub.

82 Deine persönlichen Energiequellen

Abseits der klassischen Energiequellen kannst du dich auch fragen, ob es nicht auch ganz persönliche Dinge für dich gibt, die dir Energie geben. Vielleicht bestimmte Bilder, Gegenstände oder auch Erinnerungen? Nutze deine ganz persönlichen Energiequellen um dich im Alltag mit genügend Power zu versorgen. Was gibt dir ein gutes Gefühl und versorgt dich mit Energie oder versetzt dich vielleicht auch ein bisschen in Euphorie? Welche Vorstellungen und welche Gedanken motivieren dich? Mit was hast du dich in der Vergangenheit schon erfolgreich motiviert, wenn du Durchhaltevermögen benötigt hast? Wenn du glückliche Erinnerungen hast, die dir Kraft geben, wie kannst du diese möglichst präsent und greifbar halten?

Ganz persönliche Energiequellen sind häufig sehr stark und besonders wirksam, weil sie einen direkten und oft auch emotionalen Bezug zu dir haben. Darüber hinaus sind sie ein guter Hinweis darauf, was für dich von großer Bedeutung ist.

08

Sei verrückt nach dir selbst

– Liebe dich, vertraue dir und denke positiv

83 Ich bin ich

Glücklich ist, wer mit sich im Reinen ist und sich seinen Werten entsprechend ausleben kann. Unglück oder Unzufriedenheit entsteht meistens dann, wenn wir Dinge machen, die eigentlich nicht zu uns passen. Oder wenn wir Entscheidungen treffen, die nicht unseren Werten und Glaubenssätzen entsprechen. Am Ende steht die Frage: Wie authentisch bist du? Wie sehr bist du auch wirklich du? Bleib dir treu und lerne auf dich zu hören. Mache die Dinge, die wirklich zu dir passen. Vergleiche dich nicht mit anderen. Gehe deinen Weg. Jeder Schritt in deine Richtung macht die kommenden Schritte noch einfacher, bis es dein Weg ist, den du ganz automatisch gehst. Lebe nach deinen Werten, um dir ein authentisches Leben im Einklang mit dir selbst zu ermöglichen.

Das Gesetz der Anziehung besagt, dass sich gleiches gerne zu gleichem gesellt. Je mehr du, du selbst bist, umso mehr ziehst du Dinge und Personen an, die auch so sind, wie du. Dies verstärkt und verfestigt deine Handlungen und macht es dir noch einfacher, im Einklang mit dir selbst zu leben. Nur die ersten Schritte, die musst du selbst gehen.

84 Es ist ok

Frieden ist ein elementares Gut und sehr wichtig, damit verschiedene Menschengruppen glücklich zusammenleben können. Genauso, oder auch noch viel mehr, wie es zwischen einzelnen Ländern den Frieden braucht, damit die Menschen glücklich leben können, braucht es den Frieden mit dir selbst. Denn du bist immer da. Du kannst dir selbst nicht aus dem Weg gehen. Das Ziel muss es sein, in einem dauerhaften Frieden mit dir selbst zu leben. Denn das kann alles verändern.

Akzeptiere deine Entscheidungen, die du, sicher nach bestem Wissen und Gewissen, in der Vergangenheit getroffen hast. Akzeptiere die Dinge an dir und deinem Leben, die du nicht ändern kannst. Akzeptiere dich so, wie du heute bist. Selbstakzeptanz ist ein wichtiger Schritt in ein zufriedenes Leben. Ohne einen inneren Frieden wird es schwierig, wahrhaft glücklich zu sein. Nimm dir selbst den Druck, welchen du dir vielleicht machst. Und erlebe, wie du friedlich und mit dir im Reinen nach vorne blicken kannst. Was zählt ist heute. Und das Leben, das noch vor dir liegt.

85 Bringe dir selbst Wertschätzung entgegen

Sicher ist es schön, wenn andere Menschen an einen denken und einem etwas Gutes tun. Aber auch hier darf man die Verantwortung für Wertschätzung mal wieder nicht nur den anderen übertragen. Jeder will gelobt werden. Doch beginnen sollte man damit erstmal bei sich selbst. Und sich von dem Streben nach Anerkennung durch andere Menschen frei machen. Das Glück kommt zuallererst durch dich selbst in dein Leben.

Die wichtigste Beziehung ist die zu dir selbst. Warum sollten andere dir Wertschätzung entgegenbringen, wenn du selbst es nicht tust. Andere Menschen spüren, wie du über dich selbst denkst und wie du mit dir umgehst. Und du selbst spürst es natürlich am deutlichsten. Bringe dir selbst daher so viel Wertschätzung entgegen, wie nur möglich.

Sprich freundlich mit dir selbst. Keine Beleidigungen. Nur Positives. Motiviere dich selbst: „Du schaffst das“. Bringe dir selbst Verständnis entgegen: „Es ist ok so“. Lobe dich selbst: „Das war gut“. Führe positive Selbstgespräche mit dir.

Du verbringst alle Stunden des Tages mit dir selbst. Und sehr viele davon im wachen Zustand. Behandle dich selbst gut. Behandle dich selbst ausgezeichnet. Wie einen sehr guten Freund, wie einen Menschen, den du liebst. Es kostet kein Geld der Welt, wenn man nett zu sich selbst ist. Aber es ist eine große Bereicherung für dein glückliches Leben.

86 Ich mag mein Leben – und mich auch

Häufig meint es das Leben doch eigentlich ganz gut. Doch der Fokus verrutscht oftmals sehr schnell. Deshalb ist es wichtig, diesen immer wieder neu auszurichten und sich auch klar zu machen, was alles gut läuft. Eine positive Sicht auf dein Leben kann dich wesentlich zufriedener durch das Leben gehen lassen.

Und ein positives Bild von dir selbst hat nicht nur Auswirkungen auf dein Glück, sondern auch auf alle deine Lebensbereiche. Ein starkes Selbstwertgefühl und auch ein gesundes Selbstvertrauen können dich auf deinem Lebensweg in unzähligen Aspekten unterstützen und voranbringen.

Mache dir immer wieder bewusst, was dir an deinem Leben und an dir selbst gefällt. Richte deinen Fokus auf die Schönheit des Lebens. Wann hat es dein Leben gut mit dir gemeint? Wann hattest du Glück? Welche tollen Menschen sind dir schon begegnet? Und was gefällt dir an dir selbst? Was findest du besonders schön? Welche Eigenschaften gefallen dir an dir selbst? Stelle dir diese Fragen immer wieder.

Du bekommst eine positive Sicht auf das Leben und auf dich persönlich nicht geschenkt. Wenn du dir aber ein wenig Mühe gibst und alles Schöne an dir und deinem Leben regelmäßig aufschreibst, dann kannst du dich selbst reich beschenken. Eine positive Sichtweise zu entwickeln ist vielleicht kein einfacher Schritt, weil es möglicherweise ein wenig Ausdauer dazu benötigt, aber ein notwendiger.

87 Es ist schön, wenn jemand danke sagt

Wenn du immer als letzte Handlung des Tages etwas aufschreibst, für das du dankbar bist, beendest du jeden Tag mit einem guten Gefühl. Dankbarkeit zu entwickeln ist ein mächtiges Werkzeug, um dich selbst glücklich zu machen. Dankbarkeit lenkt deinen Fokus automatisch auf all das Positive, das jeden Tag in deinem Leben passiert.

In der Regel ist an einem Tag das Positive gegenüber dem Negativen eigentlich deutlich in der Überzahl, aber dem Negativen reichen manchmal schon wenige Minuten, um relativ präsent zu sein. Über viele Jahrhunderte hinweg war dies auch überlebensnotwendig. Man musste sich vor allem auf die negativen Dinge konzentrieren, da wilde Tiere oder schlechte Nahrungsmittel schnell zum Ende führen konnten. Damit wir heute aber nicht zu sehr ins Negative verfallen ist es wichtig, sich immer wieder auf die positiven Dinge zu fokussieren.

Der Lernerfolg liegt in der Wiederholung. Ein Dankbarkeitstagebuch, das du täglich verwendest, hilft dir nicht nur dabei, dran zu bleiben, sondern lenkt deinen Fokus auch auf die schönen Seiten deines Lebens. Schreibe jeden Tag ein paar Dinge auf, für die du heute dankbar bist. Du kannst dies komplett frei machen oder dir auch ein vorgefertigtes Buch mit bestimmten Fragen zur Dankbarkeit besorgen, das dich auf deinem Weg unterstützt. Sag danke zum Leben. Und zu dir selbst.

88 Für mich

Tue dir selbst Gutes. Warte nicht auf andere. Du bist für dich verantwortlich. Womit kannst du dir selbst eine Freude machen? Wer sich selbst Gutes tut, wertet damit sich selbst auch auf. Er bringt sich selbst Wertschätzung entgegen und sorgt für ein gutes Gefühl. Du behandelst dich selbst dadurch mit Respekt und zeigst dir selbst, dass du dir wichtig bist. Was auch die Menschen um dich herum spüren werden.

Triff dich bewusst mit tollen Menschen und habe Spaß, nimm dir Zeit und koche dir etwas Leckeres oder beschenke dich einfach selbst. Mit kleinen Geschenken oder auch mit Zeit, nur für dich. Schenke dir nicht irgendwelche Konsumgüter sondern Dinge, die dir wirklich gut tun und dich glücklich machen. Dinge, die dir nachhaltig den Tag verschönern.

Wenn du anfängst, dir selbst Gutes zu tun, beschäftigst du dich auch immer intensiver mit dir selbst. Und zwar um herauszufinden, was du wirklich brauchst. Das bringt dich dir selbst auch nochmal ein Stück näher. Womit könnte man dich überraschen? Was ist das perfekte Geschenk für dich?

89 Eine Liebeserklärung

In einem glücklichen Leben sollte immer auch die Liebe einen festen Platz haben. Vielleicht sogar den größten und besten Platz, den du zu bieten hast. Und auch hier beginnt es erstmal bei dir selbst. Die bedingungslose Selbstliebe ist ein, ja vielleicht sogar der Türöffner, zu einer glücklichen Welt. Wer sich selbst liebt, trifft automatisch auch gute Entscheidungen für sich selbst. Und zwar Entscheidungen, die einen selbst glücklich machen. Außerdem sind Menschen, die sich selbst lieben können, in der Regel auch sehr zufrieden mit sich und der Welt, haben einen klaren Blick auf das Geschehen und können wirklich aus tiefer Überzeugung handeln. Dies wiederum stärkt und verfestigt ihre Selbstliebe, da sie nach ihren Werten authentisch leben können. Der Kreislauf des Glücks.

Schreibe dir selbst eine Liebeserklärung. Sage dir alles, was dir an dir gefällt. Wofür liebst du dich selbst? Was könnten andere an dir lieben? Und warum bist du dir sicher, dass du auch ohne diese Dinge, dich immer bedingungslos lieben wirst? Schenke dir die bedingungslose Liebe, die jeder Mensch, auch du, verdient.

90 Das kann ich gut

Wie viel Vertrauen hast du in eine Person, die du gerade auf der Straße getroffen hast und über die du keinerlei Informationen hast? Und wie viel Vertrauen setzt du in einen langjährigen Freund, der dir schon oft geholfen hat und in schwierigen Situationen für dich da war? Vertrauen beruht vor allem auf Wissen und Erfahrungen. So richtig tiefes Vertrauen muss sich immer erstmal aufbauen und entwickeln.

Doch genauso, wie es wichtig ist, dass man auch anderen Menschen in gewisser Weise vertrauen kann, so musst du vor allem auch dir selbst vertrauen können. Und damit das klappt, musst du dich selbst kennen, deine Stärken kennen und wissen, was funktioniert und was eher nicht. Selbstvertrauen entsteht nicht von heute auf morgen, aber es ist wichtig, um etwas zu erleben, um erfolgreich zu sein und um dich im Alltag gut zurechtzufinden und dabei glücklich zu sein. Ein gesundes Selbstvertrauen macht alles ein Stück weit einfacher. Du traust dir mehr zu, machst die Dinge aus Überzeugung und bist dadurch automatisch auch ein bisschen besser, in dem was du tust. Außerdem kannst du dir auch viel Grübelei ersparen.

Was sind deine Stärken? Was kannst du gut? Jeder Mensch hat andere Stärken. Was fällt dir leichter als anderen? Worin bist du besser als der Durchschnitt der Gesellschaft? Wofür hat man dich schon einmal gelobt? Und wofür sollte man dich dringend einmal loben? Schreibe alles auf, halte es schriftlich fest und stärke dein Selbstvertrauen. Jeder Mensch hat ein gewisses Vertrauen in sich selbst. Kümmere dich nur ein wenig darum und es wird dir immer wieder zu Hilfe kommen. Kenne dich selbst und deine Stärken. Sei dir bewusst, was du kannst.

91 Meine täglichen Erfolge

Wer schon einmal etwas vom Pygmalion-Effekt gehört hat, der weiß, dass eine positive Erwartung sich auch entsprechend positiv auf das Ergebnis auswirken kann. Wer glaubt, dass er Erfolg haben wird, erhöht dadurch auch die Chancen auf Erfolg. Ein positives Mindset hilft dir dabei, glücklich zu sein und baut deine Selbstwirksamkeit auf. Du glaubst daran, dass du die Dinge selbst in der Hand hast. Eine sehr wichtige Eigenschaft, um ein aktives und gleichermaßen glückliches Leben zu führen.

Dabei helfen kann dir ein Erfolgstagebuch. Dies lenkt deinen Fokus auf alles, was funktioniert. Und du kannst dir sicher sein, dass das viel mehr ist, als du tatsächlich wahrnimmst. Man gewöhnt sich sehr schnell an die Dinge, die funktionieren, auch wenn man noch so viel dafür geleistet hat, um sie zum Laufen zu bringen. Das alles tritt schon nach kurzer Zeit in den Hintergrund. Schreibe dir deine täglichen Erfolge auf. Notiere dir jeden Tag ein paar Dinge, die du erfolgreich gemeistert hast. Häufig schaffst du an einem Tag ganz viel und nimmst diese Erfolge aber gar nicht so in den Fokus, wie du es eigentlich tun solltest. Und auch nicht so, wie du es verdient hättest. Das kann sich mit einem Erfolgstagebuch ändern.

92 Erfolge sind zum Feiern da

Ein starker Fokus auf alles, was gut läuft, kann deine Eintrittskarte ins Glücklichland sein. Und je stärker deine Emotionen zu deinen positiven Erlebnissen sind, desto stärker rücken diese schönen Momente in deinen Gedanken auch in den Vordergrund. Und bleiben dort für eine lange Zeit.

Deshalb sind Erfolge unbedingt zum Feiern da. Ob nur mit dir oder auch mit vielen anderen. Ob in einem Restaurant oder mit einer rauschenden Party. Oder vielleicht mit einem traditionellen Erfolgskuchen? Durch die hervorgerufenen Emotionen werden deine Erfolge in deinen Gedanken stärker gewichtet und man verbindet den Erfolg auch mit der Feier. Dein Gehirn bekommt mehr Anknüpfungspunkte an deinen Erfolg. Dies alles verstärkt den Fokus auf alles, was gut läuft und was in deinem Leben gelingt. Und trägt zu einer positiven Lebenseinstellung bei. Was ist deine Art zu feiern? Was weckt in dir tiefe Emotionen? Mit was könntest du deine Erfolge verbinden? Feiere deine Erfolge so oft es geht. Nutze auch kleine Erfolge als Gelegenheit, etwas Besonderes zu machen und eine Verbindung herzustellen.

93 Ich bin auf meinem Weg

Du hast dir ein persönliches Ziel gesetzt, arbeitest daran, erzielst ein gutes Ergebnis und siehst und spürst, wie du vorankommst. Wie fühlst du dich? Wenn du an deinen persönlichen Zielen arbeitest, lebst du meistens so, wie es sich für dich richtig anfühlt. Du gibst den Dingen, die dir wichtig sind, einen Platz in deinem Leben. Ein weiterer wichtiger und vor allem großartiger Schritt in ein selbstbestimmtes und aktives Leben.

Was musst du tun, um deinen Zielen näher zu kommen? Wie kannst du das in deinen Alltag einbauen? Wann arbeitest du tatsächlich an deinen Zielen? Mach die Dinge, die dich deinen Zielen näherbringen. Denn Fortschritte zu machen, ist in der Regel eine sehr befriedigende und gar auch beflügelnde Sache, die glücklich macht. Es macht glücklich, wenn man seinen Träumen näherkommt und wenn Dinge funktionieren, die man sich selbst ausgedacht hat. Und vor allem dann, wenn man diesen Vorgang aktiv gestaltet.

94 Mein Mantra

Aus Gedanken werden Worte, aus Worten werden Taten, aus Taten werden wieder neue Gedanken. Und alles zusammen bildet deinen Charakter und bestimmt, wie dein Leben aussieht. Schon ein einzelner neuer Gedanke kann den kompletten Kreislauf verändern. Glückliche Gedanken sind der Beginn eines glücklichen Lebens. Dein Glück kann an verschiedenen Stellen beginnen. Und definitiv auch bei deinen Gedanken, bei dir ganz persönlich.

Setze dir deine positiven Glaubenssätze selbst und warte nicht auf zufällige Einflüsse von außen. Dies können allgemeine positive Sätze sein oder auch schon ganz individuell auf dich bezogene Aussagen. Sätze über dich, über das Leben und über dein Umfeld. Was du glauben möchtest und was vielleicht auch heute schon stimmt, aber von dir nicht immer so gesehen wird.

Verschiedene Auslöser, wie das Halten an einer Ampel, das Warten an der Kasse oder die Zeit vor einer anstehenden Mahlzeit, kannst du nutzen, um ganz kurz dein Mantra, mit deinen vielleicht sieben bis zehn Glaubenssätzen, durchzugehen. Und sie dadurch in deine Gedanken einzupflanzen und gut zu pflegen.

95 Alles im Griff – auf dem Gedankenschiff

Wer seine Gedanken leiten kann, kann auch sein Glück leiten. Doch besonders in emotional schwierigen Situationen ist es nicht immer einfach, positive Gedanken zu finden. Viele Menschen kennen es, dass schon Kleinigkeiten ein Gedankenkarussell auslösen können. Deshalb ist es wichtig, gut vorbereitet zu sein. Denn du bist der Chef deiner Gedanken. Andere haben hier keinen Einfluss. Sie bestimmen nicht über deine Gedanken. Du hast alles im Griff. Bereite positive Gedanken, die du dann immer wieder abrufen kannst, gezielt vor. Welche positiven Gedanken wirst du zukünftig bei Bedarf aktivieren? Was hält dich auf Kurs? Was überstrahlt alles?

Natürlich bist du immer noch ein Mensch, der auch mal seine Gedanken und Gefühle nicht im Griff hat. Aber viele der alltäglichen Situationen von der schwierigen Sorte können wir mit ein bisschen gezielter Gelassenheit und vorbereiteten Gedanken gut umschiffen. Halte dir immer ein paar positive Gedanken in der Hinterhand, die du jederzeit in den Vordergrund stellen kannst. Denn du hast alles im Griff.

96 Das Leben durchgespielt

Irgendwo ist das Leben auch eine Abfolge von kleinen Aufgaben und Entscheidungen. Wer gut darin ist, Lösungen parat zu haben und auch Entscheidungen zu treffen, geht leichter durch das Leben. Und was hilft dir dabei? Deine Vorstellungskraft. Und deine Lösungsorientierung. Ein regelmäßiger Blick in die Glaskugel. Wer alle möglichen Situationen bereits durchgespielt hat, tut sich leichter, wenn es dann tatsächlich soweit ist.

Wie könnte eine mögliche Lösung für eine anstehende Aufgabe aussehen? Welche Entscheidungen musst du in naher Zukunft treffen? Ob vor großen Präsentationen, sportlichen Wettkämpfen oder wichtigen Gesprächen. Wie muss eine Sache ablaufen, dass es so passiert, wie du es dir wünschst?

Spiele mögliche oder tatsächlich anstehende Situationen gedanklich durch. Überlege dir für deine kommenden Herausforderungen verschiedene Lösungswege. Dadurch beginnst du lösungsorientiert zu denken und hältst dich nicht mit Problemen auf. Du entwickelst ein positives Denken, das sich mit dem Machbaren beschäftigt und nicht das Jammern und Lamentieren in den Vordergrund stellt. Du entwickelst einen Weg, um durch das Leben zu gehen, und es dabei in deinem Sinne zu gestalten.

Das Phänomen der sich selbsterfüllenden Prophezeiung besagt, dass deine eigenen Vorhersagen durch sich selbst wahr werden können. Durch die eigenen, simulierten Vorhersagen kommt es zu bewussten oder auch unbewussten Handlungen, die die eigenen Vorhersagen wahr werden lassen. Es hilft dir daher, das gewünschte Leben regelmäßig durchzuspielen.

97 Das Leben ist ein langes Happy End

Das Leben ist voller Geschichten. Die Menschen lieben Geschichten. Mit Geschichten lässt sich alles verkaufen und mit Geschichten lassen sich Herzen erwärmen. Und dein Gehirn hat keinen Filter. Es nimmt erstmal alles ungefiltert auf. Sieht es viele schlechte Geschichten, ist es entsprechend negativ eingestellt. Hört es dahingegen von vielen glücklichen Erzählungen, glaubt es an Happy Ends. Wir sind nicht nur ein bisschen empfänglich für Geschichten, sondern fast schon im übertriebenen Maße. Wer sich zum Beispiel etwas ältere Filme anschaut, in denen sehr auf höfliche Gepflogenheiten geachtet wird, wird sich diese auch in seinem Alltag immer wieder ins Gedächtnis rufen. Ähnlich verhält es sich auch mit allen anderen Themen. Wer sich viele Stunden Jugendsprache anhört, wird die darin enthaltenen Begriffe in seinen Wortschatz aufnehmen. So wie man nach einem Sportfilm oftmals Lust hat, selbst zum Ball zu greifen. Geschichten bewegen Menschen.

Egal was du dir ansiehst, sieh zu, dass es positiv ist. Niemand kann mehrere Stunden einen Film mit einer negativen Einstellung ansehen und danach gut gelaunt sein. Umgekehrt ist es unmöglich, nach einem lustigen Film schlecht gelaunt zu sein. Konsumiere schöne Filme und Serien. Konsumiere Filme und Serien, die zu deinen gewünschten Charaktereigenschaften passen. Was ist positiv? Was passt zu dir? Die Geschichten rund um dein Leben haben einen großen Einfluss auf dich. Und zwar egal, ob im realen Leben oder im Fernsehen. Doch das kannst du nutzen. Versorge dich mit Geschichten, die positiv sind und die zu dir passen. Und dann schreibe deine eigene Geschichte.

09

Die Pflanze muss wachsen

– In Bewegung bleiben

98 Zu Besuch in Nachbars Garten

Abwechslung und neue Impulse halten den Geist frisch und lebendig. Die Welt dreht sich rasant. Daher ist es wichtig, am Ball zu bleiben. Außerdem muss man nicht alle Fehler, die man machen kann, auch wirklich selbst machen. Das Lösungswort für all das heißt: Nachfragen. Hör zu, wenn andere erzählen und frage aktiv nach. Wer selbst redet kann nichts lernen, wer anderen zuhört, schon. Zuhören und nachfragen ist nicht nur höflich und respektvoll, sondern gibt dir auch die Gelegenheit neue Geschichten und Lösungen zu hören. Durch intensives Nachfragen hörst du auch automatisch besser zu. Und du kannst Hintergründe und Zusammenhänge erfahren und verstehen.

Um für dich selbst gute Entscheidungen treffen zu können, und zwar Entscheidungen, die dich glücklich machen, musst du im Leben immer wieder neue Lösungen entwickeln. Es gibt keine Schablone für dein Leben. Du musst immer wieder neue Wege gehen, die vorher noch kein anderer gegangen ist. Dabei hilft ein breiter Horizont. Bist du ein guter Zuhörer? Gefällt es dir, auch mal nachzufragen?

99 S.O.S.

Muss man eigentlich alles alleine machen? Also vorgeschrieben ist das nirgends. Man kann sich schon auch helfen lassen. Aber wer sich helfen lassen möchte, muss auch wissen, bei was. Er muss wissen, was er genau benötigt. Sonst wird es schwierig. Aber dann, wieso nicht? Wer in etwas gut ist, lässt sich in der Regel dabei helfen. Ob bei Geschäftsleuten der „Coach", bei Sportlern der „Trainer" oder im Privaten „Freunde und Familie". Viele Menschen, die glücklich und zufrieden oder auch in einem Bereich erfolgreich sind, lassen sich helfen. Niemand kommt allwissend auf die Welt und niemand muss alles alleine machen.

Wo fehlt es dir noch? In welchen konkreten Bereichen könntest du dir helfen lassen? Wer passt zu dir? Wer macht ähnliche Dinge? Welche konkreten Fragen hast du und wer könnte diese beantworten? Lass dir helfen. Ob im mentalen Bereich, beim Erreichen deiner Ziele oder beim Meistern deines Alltags. Mit guter Hilfe kommst du schneller ans Ziel. Oder vielleicht sogar überhaupt.

100 Die Welt gehört den Träumern

Der feste Glaube oder auch die Gewissheit daran, dass es immer weitergeht, dass man selbst in der Lage ist, eine gute Lösung zu finden, lässt dich positiv und glücklich durch dein Leben gehen. Und ein wesentlicher Faktor hierfür ist deine Kreativität. Wem nach einem aufgetretenen Problem sekundenschnell gleich mehrere Lösungsideen einfallen, der wird nicht lange schlecht gelaunt sein. Schwierig ist eigentlich immer nur die Zeit zwischen einem Problem und zumindest einer aufkommenden Idee für eine Lösung.

Sei ein Träumer. Lass deine Kreativität von der Leine. Du kannst sie immer wieder gebrauchen. Wende dich bewusst deiner kreativen Seite zu und verzaubere dich selbst mit deinen Ideen. Kümmere dich um deine Kreativität. Egal ob mit Spielen, Rätseln, Basteln, Malen oder Schreiben. Lass keine Gelegenheit aus, für deine kreativen Einfälle zu üben. Lass Träume nicht nur zu, sondern lass deine Gedanken auch für dich arbeiten. Kreativität ist in einer immer technischer werdenden Welt nicht nur eine Schlüsselkompetenz, sondern hilft dir auch in deiner eigenen Lebensgestaltung.

Es kann glücklich machen, sich die Welt so zu erträumen, wie man sie gerne hätte. Und es hilft auch dabei, sich diese Welt zu erschaffen. Wenn du weißt, was dir wichtig ist und was du brauchst, dann fällt es dir auch leichter, danach zu leben. Und die Fähigkeit, dir immer wieder Wege zu erschaffen, die dir die gewünschten Dinge ermöglichen, ermöglicht dir genau dieses selbstbestimmte und glückliche Leben.

101 Stärkung für die Stärken

Wir werden für unsere Stärken bezahlt. Und wir bekommen auch unseren Ruf für ein, im Idealfall positiv, herausstechendes Merkmal. Selbst wenn wir in dieser einen Sache nur leicht besser sind als alle anderen. Der Vorsprung reicht aus. Ganz oft führen uns unsere Stärken durch das ganze Leben. Sie lassen uns Geld verdienen und ermöglichen uns dadurch, dass wir auch noch Zeit für andere Dinge im Leben haben.

Achte auf deine Talente und Fähigkeiten und verliere deinen Fokus nicht. Es gibt so viele verschiedene Dinge auf der Welt und nur für einen ganz kleinen Teil haben wir die Zeit, diesen überdurchschnittlich gut zu beherrschen. Entscheide dich für das, was dich glücklich macht. Häufig sind das schon Dinge, die du gut kannst. Und dann ab dafür. Und wenn es dich nicht glücklich macht dann entscheide neu. Aber nicht jeden Tag. Was kannst du gut? Was willst du gut können? Wie kannst du dich darin verbessern? Was musst du tun, um in dieser einen Sache überdurchschnittlich gut zu werden? Was haben andere Personen getan, die schon dort sind, wo du hin willst?

102 Neue Impulse

Die Welt dreht sich weiter und daher solltest du dich auch ein wenig drehen. Stillstand bedeutet Rückschritt. Und meistens gibt es auch einen Zusammenhang mit dem Glück. Wenn man zurückbleibt und einem alles ein wenig schwerer fällt, kann sich das auch auf das eigene Wohlbefinden niederschlagen. Und irgendwann ist der Berg größer als dass einen die Füße noch tragen können. Und dann muss man sich vielleicht einen neuen Berg suchen.

Versuche, dich daher regelmäßig weiterzubilden und dadurch am Ball zu bleiben. Lass dir immer wieder neue Methoden zeigen. Lass dir niemals deine Neugier und deinen Elan für neue Dinge rauben. Meistens macht man Weiterbildungen auch auf einem Gebiet, auf dem man sich schon längere Zeit bewegt. Das heißt man lernt Dinge, die auf vorhandenem Wissen aufbauen und trifft auch auf Menschen, die häufig an der gleichen Stelle stehen, wie man selbst. Oftmals ergeben sich dadurch auch ganz gute Impulse, nicht nur aus den Seminaren selbst, sondern auch aus der Begleitmusik.

103 Sieh es als Experiment

Das Leben ist bunt. Und es bietet unendlich viele Möglichkeiten. Unendlich viele Möglichkeiten, glücklich zu sein. Unendlich viele Möglichkeiten, Spaß zu haben. Aber um diese Dinge für dich zu finden, musst du neue Dinge ausprobieren und Erfahrungen sammeln. Und je mehr du auch ausprobierst, umso einfacher wird es, neue Dinge zu starten. Du bist ständig in Bewegung und neue Dinge jagen dir keine Angst ein.

Und am einfachsten ist es, wenn du dir zu Beginn keinen Stress machst und neue Dinge erstmal als Experiment siehst. Experimente können gelingen. Oder eben auch nicht. Bei Experimenten geht es nicht nur darum, eine aufgestellte Hypothese zu bestätigen, sondern diese erstmal mit offenem Ausgang zu überprüfen, und dann mit dem Ergebnis weiterzuarbeiten. So fällt es dir leichter, neue Erfahrungen zu sammeln und dabei auch auf Entdeckungstour zu gehen. Und zwar nach Dingen, die dich glücklich machen. Alles was dich heute glücklich macht, was dir Spaß macht oder was du liebst, hast du irgendwann mal zum ersten Mal ausprobiert. Und vielleicht gibt es da ja noch mehr davon.

104 Alternativen

Der Alltag ist oft stärker, als dass wir uns das wünschen. Schnell bist du im gewohnten Trott. Es lauert viel Routine auf dich und viele kleine Zeitfresser, die dich mehr beschäftigen als sie sollten, möchten gerne deine Aufmerksamkeit. Dabei gibt es eigentlich so viele Dinge, die du mal ausprobieren könntest. Oder nicht?

Wenn doch, dann kann dir bei der Überwindung der ersten Einstiegshürde, die dich manchmal noch zurückhält, eine Liste mit all deinen unerforschten Wünschen helfen. Diese hält dir deine Alternativen nicht nur parat, sondern sorgt auch dafür, dass du dich im Hintergrund immer wieder mit ihr beschäftigst und die gedanklichen Hürden, die dich vom Tun einer Sache noch abhalten, abbaust. Und du kommst nicht in die Verlegenheit, vielleicht aus Bequemlichkeit, zum hundertsten Mal das Gleiche zu tun.

Schon wieder die gleiche Serie schauen oder sich lieber an einem neuen Rezept versuchen? Das gleiche Fitnessprogramm wie immer absolvieren oder einfach mal Yoga ausprobieren? Planlos durch das Mobiltelefon wischen oder zu Fuß die nähere Umgebung erkunden? Was könnte bei dir für Abwechslung sorgen? Was lässt dich nachts zwar trotzdem ganz gut schlafen, auch wenn du es weiterhin nicht angehen wirst, aber man könnte es trotzdem mal ausprobieren und damit neuen Schwung in die Veranstaltung bringen? Es müssen gar nicht die großen Dinge sein, die am Ende die entscheidenden Veränderungen bringen. Häufig sind es die kleinen, aber stetigen Veränderungen, die dir neue Energie zum Wachsen geben.

10

Glück überall

– Der direkte Weg zum Glück

105 Deine Glücksreise in die Vergangenheit

Zurückblicken, um nach vorne zu schauen. Reise in deine Vergangenheit und besuche noch einmal alle glücklichen Momente in deinem Leben. Lenke deine Gedanken auf all das Glück in deinem Leben und erfülle dich mit glücklichen Erinnerungen, die dich von nun an leiten werden. Lerne dich selbst nochmal ganz neu kennen und lerne aus deiner Vergangenheit für die Zukunft.

In welchen Momenten warst du glücklich? Was hat dich glücklich gemacht? Begib dich auch auf eine ehrliche Reise. Eine ehrliche Reise zu deinem wahren Glück. Wann hattest du Spaß und hast viel gelacht? Welche Menschen waren in deinen glücklichsten Momenten an deiner Seite? Wann lagst du nachts wach und konntest vor Glück oder auch vor Vorfreude nicht einschlafen?

Gehe Jahr für Jahr durch dein Leben und versuche an allen Glücksstationen einen kurzen oder auch einen langen Halt zu machen. Und wenn du magst, kannst du auch ein Reisetagebuch schreiben und dir zu jeder Station ein paar Worte notieren. Die Verkehrsgesellschaft für Glücksreisen wünscht eine angenehme Fahrt.

106 Du bist wichtig für dich selbst – und für dein Glück

Was hast du in der Vergangenheit aktiv getan, das zur Folge hatte, dass dich etwas glücklich gemacht hat? Jeder ist nicht nur, aber auch, seines eigenen Glückes Schmied. Überlege dir, wo das Glück nicht nur einfach seinen Weg zu dir gefunden hat, sondern wo du aktiv Dinge gemacht hast, die dann bei dir Glücksgefühle ausgelöst haben. Ganz oft haben wir unser Glück selbst in der Hand. Wir müssen uns das nur immer wieder in unser Gedächtnis rufen.

Diese Übung stärkt deine Selbstwirksamkeit und deinen Glauben an dich selbst. Und wenn du an etwas glaubst, dann gelingt es dir auch leichter.

Wann warst du schon wichtig für dich? Welche Glücksentscheidungen hast du schon erfolgreich getroffen? Wann hast du dir wirklich Mühe gegeben und dein Glück tatsächlich herausgefordert? Und was kannst du davon in deine zukünftigen Entscheidungen und Handlungen mitnehmen?

107 Deine Karussellfahrt ins Glück

Wenn wir etwas wollen, dann müssen wir auch wissen, wie das aussehen soll. Wir können nur das bekommen, was wir auch bestellen, ausgenommen natürlich von ein paar glücklichen Zufällen. Für den Zufall gibt es jedoch keine Gewissheit.

Stelle dir daher die vielleicht wichtigste Frage deines Lebens. Was macht dich heute glücklich? Und dann kreiere deine Karussellfahrt ins Glück. Worauf fährst du? Was machst du während der Fahrt? Welche Musik wird gespielt? Wer fährt mit dir mit?

Definiere dein Leben voller Glück. Was gehört alles dazu? Und was nicht? Nur wer weiß, was für einen wichtig ist, kann dies auch wahrnehmen, wenn er es dann tatsächlich hat. Wie sieht dein Karussell aus? Und welche Rolle spielst du, während der Fahrt?

108 Noch mehr Gäste und Figuren auf deinem Glückskarussell

Dein Glückskarussell fährt schon, seitdem es dich gibt. Und so wie du dich veränderst, kann sich auch dein Glückskarussell mit dir verändern. Du musst ihm nur auch dabei helfen und dir immer wieder überlegen, wie es sich mit dir gemeinsam weiter drehen könnte.

Wer oder was fährt aktuell noch nicht mit oder vielleicht viel zu selten? Wie kannst du zukünftig neuen Gästen und Figuren einen festen Platz auf deinem Glückskarussell geben? Diese Frage kann für dich sehr wichtig sein. Jedoch heißt das nicht, dass du nun auf bestimmte Dinge warten sollst und erst dann glücklich sein kannst, wenn du diese hast. Es geht nur darum, im Spiel mit dem Glück, eine aktive Rolle einzunehmen. Grundsätzlich glücklich zu sein, das kannst du immer. Egal wo du gerade stehst. Es geht aber auch bei der Fahrt auf deinem Glückskarussell darum, den Glücksmomenten aktiv zu begegnen.

Das Leben ist nicht schwarz und weiß und es geht immer auf und ab. Aber wenn man sich fleißig um die „Aufs“ kümmert, dann sind „Abs“ nur noch halb so schlimm. Und sie erscheinen auch seltener. Es ist dein Glückskarussell. Lass es erstrahlen, in den Farben, die du dir erträumst.

109 Mühsam ernährt sich das Eichhörnchen – aber glücklich

Der Mensch ist ein Gewohnheitstier. Einmal eine Gewohnheit etabliert, bleibt sie auch lange erhalten. Um das Leben in Richtung Glück auszurichten, ist es daher ein einfacher und gut umsetzbarer Weg, mit kleinen aber starken Gewohnheiten das Leben in die richtige Richtung zu lenken, sodass der Rest von alleine folgt. Kleine Gewohnheiten schaffen es nicht von heute auf morgen, aber langfristig und nachhaltig, dass du dich auf deinem persönlichen Weg etablieren kannst.

Lade das Glück jeden Tag zu dir ein. Schaffe dir jeden Tag ein paar Glücksmomente, die immer da sind, egal was passiert. Welche Kleinigkeiten, die dich glücklich machen oder dazu beitragen, dass es dir gut geht, kannst du und wirst du jeden Tag in deinen Alltag einbauen? Und an welcher Stelle bzw. zu welchem Zeitpunkt?

Du kannst mit ganz wenig beginnen. Das machst du dann aber jeden Tag zur gleichen Zeit. Wo hast du freie Zeitfenster, die du aktuell zum Beispiel sowieso nicht bewusst verbringst und die du von nun an auch anders belegen kannst? Vom Führen eines Dankbarkeitstagebuchs über das Meditieren bis hin zu einem kurzen Spaziergang ist alles möglich. Es muss nur zu dir passen. Starte mit kleinen Gewohnheiten ins Glück. Sie helfen dir dabei, dranzubleiben. Und dabei schlägt die Regelmäßigkeit klar die Dauer der Ausführung. Lieber regelmäßig (also täglich) etwas kurz ausführen als unregelmäßig (einmal pro Woche oder noch seltener) etwas lang ausführen. Mühsam, aber glücklich, ernährt sich das Eichhörnchen. Welche glücklichen Nüsse gibt es für dich von nun an täglich zu essen?

110 Ein guter Plan

Einmal ist Glück, zweimal ist Können, dreimal ist Planung. Du hast nicht alles in der Hand, aber vieles. Und du kannst die Richtung vorgeben, in die du gehst. Und genau darauf kommt es auch an. Es geht nicht darum, ein bestimmtes und ganz konkretes Ziel zu erreichen. Es geht darum zu planen und die richtige Richtung einzuschlagen. Immer und immer wieder, dann landest du automatisch dort, wo du hin willst.

Alles wird geplant. Der Einkauf, der Arbeitstag, der Umbau, der Urlaub und noch vieles mehr. Doch wer plant schon sein Glück? Wer plant schon, dass es ihm gut geht? Wer plant schon, dass es ihm warm ums Herz wird? Planung hilft dir dabei, dranzubleiben. Planung schenkt dir Vorfreude. Und Planung schenkt dir auch Vertrauen. Und zwar durch die Gewissheit, dass Ereignisse eintreten werden.

Man muss die Sache mit dem Glück schon auch aktiv angehen. Plane jeden Sonntag deine Glückswoche. Welche deiner persönlichen Glücksfaktoren baust du diese Woche in deine Tage ein? Wie sorgst du dafür, dass es dir in den kommenden Tagen gut gehen wird? Wann verbringst du diese Woche Zeit nur mit dir?

111 Bedingungsloses Glück

Alles Materielle ist in irgendeiner Form vergänglich und geht früher oder auch später kaputt. Und man gewöhnt sich auch viel zu schnell an die materiellen Dinge des Lebens. Der eine möchte einen Ball, der andere einen neuen Computer und wieder ein anderer ein Auto. Immer ein wenig mehr. Ziele sollen erreicht werden, andere Menschen sollen übertrumpft werden.

Doch glücklich zu sein ist zuallererst eine innere Einstellung. Eine innere Einstellung mit sich und seinem Leben zufrieden zu sein, egal wo man gerade steht. Losgelöst von irgendwelchen Bedingungen. Die Akzeptanz der Dinge, die man nicht beeinflussen kann. Verständnis und Zuneigung für sich selbst und für die Entscheidungen, die man in der Vergangenheit getroffen hat. Wenn du darauf wartest, dass bestimmte Dinge eintreten, womöglich auch noch Dinge, die du gar nicht vollständig in deiner eigenen Hand hast, um dann erst glücklich zu sein, wirst du früher oder später enttäuscht sein. Deine Glücksreise wäre in dem Fall beendet, noch bevor sie begonnen hat. Entkopple glücklich sein von irgendwelchen Bedingungen.

Glücklich zu sein ist vor allem eine Entscheidung. Sich frei zu machen von äußeren Umständen und mit sich selbst im Reinen zu sein.

Du kannst dir selbst immer wieder sagen: Ich bin glücklich. Bestimmte alltägliche Dinge habe ich nicht in der Hand und deshalb stören sie mich auch nicht. Und alle anderen Entscheidungen habe ich nach bestem Wissen und Gewissen getroffen. Wenn ich etwas ändern möchte, dann kann ich das und habe auch die Kraft dazu. Es geht mir gut. Und ich vertraue mir selbst auch in der Zukunft, dass ich für mich die besten Entscheidungen treffen werde, weshalb ich sowohl heute als auch morgen glücklich sein kann.

112 Das Geheimnis der Glücksbringer

Ob Glücksbringer nur durch sich selbst die Geschichte verändern können, kann natürlich angezweifelt werden. Und trotzdem können sie eine wichtige Funktion einnehmen und dein Leben bereichern. Glücksbringer sind in der Regel Gegenstände, die mit für dich positiven Emotionen aufgeladen sind und die dir ein gutes Gefühl oder auch Selbstvertrauen geben. Du kannst in Glücksbringern glückliche Gefühle speichern und bei Bedarf abrufen. In schwierigen Situationen, traurigen Situationen oder auch, wenn du mal nervös bist.

Glücksbringer lassen dich glauben, dass etwas gut geht und der Glaube daran kann deine tatsächlichen Chancen erhöhen. Meistens sind Glücksbringer kleine Gegenstände, die man außerhalb der eigenen Wohnung gut dabeihaben kann. Gerade wenn man unterwegs ist und seine gewohnte Umgebung verlässt ist es gut, wenn man ein bisschen Glück dabei hat. Hast du einen Glücksbringer? Einen kleinen Glücksspeicher?

113 Das Glück-sichtbar-mach-Buch

Das Glück ist da, man muss es nur sehen. Die nicht so schönen Gedanken sind meistens ein bisschen präsenter als die schönen, da sie häufig emotionaler sind. Deshalb ist es wichtig, dass wir damit beginnen, alles ins rechte Licht zu rücken und den Fokus ohne Kompromisse auf die glücklichen Momente zu legen.

Eine Fußballmannschaft, die 7:1 gewinnt, wird sich am Ende des Tages vielleicht in der Analyse mit dem einen Gegentor beschäftigen, aber emotional wird dies keine Rolle spielen und es war für alle Spieler ein toller Tag. Die 7 Tore werden für jeden noch sehr lange im Kopf präsent sein. Denn in der Summe war es ein klar positives Spiel. Und Gegentore werden im Sport auch häufig sehr schnell abgehakt. Ganz anders die eigenen Tore. Diese werden zelebriert und gefeiert. Genauso wie der Gesamtsieg am Ende.

Führe ein Glückstagebuch und gewinne dadurch jeden Tag. Das geschriebene Wort macht deine Erinnerungen größer, langlebiger und lebendiger. Außerdem kannst du dein Glückstagebuch auch gut mit einem Dankbarkeits- und Erfolgstagebuch kombinieren. Häufig gehen diese Fragen Hand in Hand. Was hat dich heute glücklich gemacht? Wofür bist du heute dankbar? Was hast du heute erfolgreich gemeistert?

114 Deine persönliche Glückslandkarte

Karten wurden schon immer dazu benutzt, auf große Schätze hinzuweisen. Und was ist ein größerer Schatz als ein glückliches Leben? Verknüpfe daher dein Glück mit seinen Entstehungsorten. Welche glücklichen Momente hast du wo erlebt? Zeichne deine Glückslandkarte und markiere darauf deine Geschichten des Glücks. An welchen Orten hast du welche Glücksmomente erlebt? Und darüber hinaus: An welchen Orten geht es dir in der Regel gut? An welchen Orten fühlst du dich gut, geborgen und gut aufgehoben?

So bekommen deine Glücksmomente ein Zuhause und dir wird klar, wo du dich aufhalten kannst, um dich gut zu fühlen. Deine Glücksmomente bekommen nicht nur einen besseren Platz in deinen Gedanken, sondern du kannst die Glücksgefühle auch immer wieder abrufen, wenn du die Orte besuchst. Und es funktioniert auch umgekehrt. An welchen Orten warst du schon? Und welche glücklichen Momente hast du dort jeweils erlebt? Erstelle und erweitere deine persönliche Glückslandkarte und schaffe dir deine ganz persönliche und glückliche Erde.

Die letzte Seite: Ich schenke mir Zeit

Deine Glücksreise zu dir selbst beginnt immer zuerst mit dir. Das Wichtigste ist, dass du ganz nah bei dir selbst bist.

Um es dir leichter zu machen, ist diese letzte Seite nun ein Gutschein für eine Stunde jede Woche, die du nur mit dir selbst verbringen darfst. Wenn du das möchtest, kannst du diesen Gutschein dir selbst schenken und gleichzeitig auch bei dir selbst einlösen. Dies ist dann dein Versprechen an dich, dass du dich immer um dich kümmern wirst und dafür sorgen wirst, dass es dir gut geht. Und dass du dir selbst jede Woche zuhören wirst.

Viel Spaß auf deiner Reise. Und ein glückliches und friedliches Leben.